信号设备故障一点通丛书

信号电源设备故障一点通

武汉铁路局电务处　编

中 国 铁 道 出 版 社

2 0 1 7 年 · 北　京

内容简介

本书为《信号设备故障一点通丛书》之一，包括典型故障案例和常见故障处理操作方法等内容。全书共收集信号电源设备典型故障案例 84 例，其中各类型电源屏故障案例 81 例，UPS 设备故障案例 3 例；另有各类型电源屏监测单元时钟校核操作方法 9 例。

本书可作为铁路信号工学习和培训的教材，也可作为信号工程技术人员的学习参考书。

图书在版编目(CIP)数据

信号电源设备故障一点通/武汉铁路局电务处编. —北京：中国铁道出版社，2017.10（2017.11重印）

（信号设备故障一点通丛书）

ISBN 978-7-113-23866-7

Ⅰ.①信… Ⅱ.①武… Ⅲ.①铁路信号-信号设备-故障修复 Ⅳ.①U284.92

中国版本图书馆 CIP 数据核字(2017)第 242446 号

书　　名：信号设备故障一点通丛书
信号电源设备故障一点通

作　　者：武汉铁路局电务处　编

责任编辑：崔忠文　　**编辑部电话**：（路）021-73146　　**电子邮箱**：dianwu@vip.sina.com
（市）010-51873146

封面设计：郑春鹏
责任校对：焦桂荣
责任印制：高春晓

出版发行：中国铁道出版社（100054，北京市西城区右安门西街 8 号）
网　　址：http://www.tdpress.com
印　　刷：中国铁道出版社印刷厂
版　　次：2017 年 10 月第 1 版　2017 年 11 月第 2 次印刷
开　　本：880 mm×1 230 mm　1/32　印张：3.125　字数：69 千
书　　号：ISBN 978-7-113-23866-7
定　　价：18.00 元

编委会

前　言

安全是铁路永恒的主题，信号设备故障是影响铁路运输安全的重要因素，具有多样性、随机性、复杂性的特点。为了适应职工教育培训工作的需要，提高铁路信号维修人员的故障处理水平和应急处理能力，快速、准确地处理故障，压缩故障延时，确保行车安全，武汉铁路局电务处结合电务系统近年来发生的设备故障和广大职工多年总结的经验，采用案例的形式，组织编写了《信号设备故障一点通丛书》。

该丛书内容全面，涵盖了室外、室内、车载信号设备以及信号电源设备。故障案例来源于现场实践，按照故障现象、故障分析、应急处理、处理方法的思路编写。根据故障现象进行故障分析，判断分析发生故障的可能性，尽量缩小故障范围；阐述了应急处理的方法、步骤，尤其是故障发生后第一时间应采取的应急措施；介绍了必要时的故障处理技巧。

本书为《信号电源设备故障一点通》，按照典型故障案例和常见故障处理操作方法的思路编写。本书共收集电源设备典型故障案例 84 例，其中各类型电源屏故障案例 81 例，UPS 设备故障案例 3 例；另有各类型电源屏监测单元时钟校核操作方法 9 例。

本书涉及的智能信号电源屏类型有：北京鼎汉技术智能信号电源屏(PZ、PZG、PKX 系列)，北京铁通康达铁路智能信号电源屏(PDZ 系列)，国铁路阳智能信号电源屏(DSG 系列)，北京津宇嘉信智能信号电源屏（PMZG 系列），济南三鼎智能信号电源屏（PXZG-Z、PKX1、PQX 系列），西安汉唐力源智能信号电源屏（PZXG、PZX1 系列），天津铁路信号工厂智能信号电源屏（PWMG3 系列），北京全路通信信号电源屏（DS2000 系列），北京铁信通智能信号电源屏（PNXG、PNX2 系列），UPS 设备（艾默生、APC2000 系列）。

本书结合现场设备实际，内容全面，思路清晰，对快速提高现场职工应急处置能力有很大的帮助，具有较强的指导性和实用性。

由于编者水平有限，书中难免有遗漏和错误之处，敬请读者批评指正。

编　者

2017 年 7 月

目　　录

一、北京鼎汉技术智能信号电源屏
（PZ、PZG、PKX 系列）

（一）典型故障案例（24 例）

案例 1：交流接触器故障

故障现象

全站红光带，电源屏Ⅰ路输入空开和电源防雷箱Ⅰ、Ⅱ路输入空开均掉下，推上后故障消失。

故障分析

现场拆下交流接触器，打开后检查发现交流接触器接点拉弧发黑，接点多个触头有烧损痕迹，接触面积小于 1/3，并有冒尖凸点。分析在外电网电压波动Ⅰ路电源转Ⅱ路电源时，产生大电流，将电源屏Ⅰ路输入空开和电源防雷箱Ⅰ、Ⅱ路输入空开冲掉。

故障处理

更换两台交流接触器。

⚠注意事项

更换完毕后要进行空载和带载切换试验，确保切换良好。

案例 2：交流切换控制板故障

故障现象

外电网Ⅰ路电源停电，电源屏不能自动转换至Ⅱ路电源工作，系统停电。

故障分析

交流切换控制板故障，Ⅱ路驱动系统不工作。

故障处理

先采取紧急直供临时恢复设备供电，然后更换交流切换控制板。

⚠注意事项

更换完毕后要进行空载和带载切换试验，确保切换良好。

案例 3：交流切换控制板故障

故障现象

电源屏Ⅰ路电源工作，但不能保持，外电网Ⅰ、Ⅱ路正常的情况下自动转换至Ⅱ路电源工作。

故障分析

交流切换控制板低压保持电路故障。

故障处理

更换交流切换控制板。

⚠注意事项

更换完毕后要进行空载和带载切换试验，确保切换良好。

案例 4：轨道电路输出短路故障

故障现象

站场上行轨道电路红光带，同时监控单元报 25 Hz 轨道电源 1、2 输出中断。

故障分析

经检查该站 25 Hz 电源模块工作正常，25 Hz 轨道电源 1、2 输出为 0 V，甩开 25 Hz 轨道电源 1、2 的万可端子负载线后，测量轨道电源 1、2 输出电压恢复正常 220 V。测试甩开的负载线电阻很小，判断为屏外短路。

故障处理

查找屏外负载，消除短路点。

⚠注意事项

恢复正常后应测试对地绝缘、串混电，确保测试值达标。

案例 5:DHXD-C 模块主备同时故障

故障现象

全站红光带。

故障分析

25 Hz 模块 DHXD-C 主模块故障灯亮灯,备用模块亮灯正常,输出电压轨道 220 V、局部 110 V 正常,组合架轨道停电监督继电器全部落下。用相位表测试轨道与局部电源相位角 0°。判断为 25 Hz 模块 DHXD-C 主备同时故障。

故障处理

更换 25 Hz 模块同型号主备模块。

⚠注意事项

1. 更换前必须将新模块地址码按故障模块上地址码拨好。

2. 更换后应对主备模块进行切换试验,确保切换良好,输出电压幅值与相位测试值应符合维规要求。

案例 6:短路切除板故障

故障现象

全站红光带。

故障分析

25 Hz 模块 DHXD-SC1 主备模块指示灯正常,输出轨道电压为 0 V,检查负载无短路现象,判断为短路切除板故障。

故障处理

打开短路切除板后盖,将短路切除板(图 1)上 DC 24 V 电源 5J7 插头拔下,即可恢复供电。如果仍未恢复供电,将短路切除板上 5J4、5J5 插头拔下,平移至 5J1、5J2 插接好,甩开短路切除板直供输出。

⚠注意事项

必须确认负载无短路。

图 1　短路切除板

案例 7：交流电源模块故障

故障现象

电源屏声光告警，监控单元告警 DHXD-SH1-1 通信中断，故障灯点亮，备用模块工作。

故障分析

经检查确认 DHXD-SH1-1 电源模块故障，已转至备用模块工作。

故障处理

更换该故障模块，更换后自动恢复主用模块工作，备用模块恢复热备(图 2)。

⚠注意事项

1. 更换前必须将新模块上地址码按故障模块上拨好。

2. 更换后应对主备模块进行切换试验，确保切换良好。

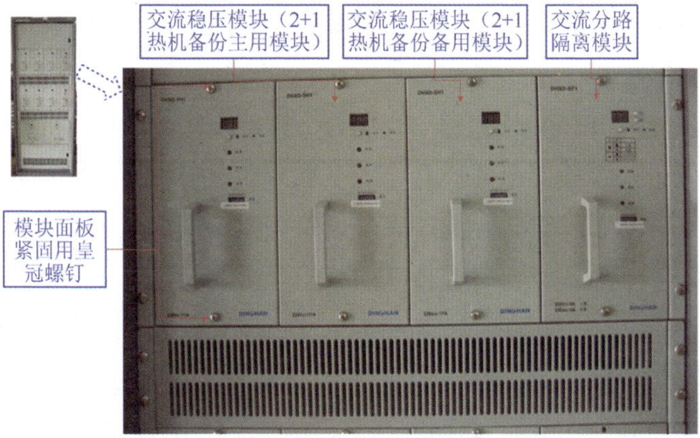

图 2　交流电源模块

案例 8:交流电源模块故障不能自动转备用模块

故障现象

电源屏声光告警，监控单元告警 DHXD-SH1-1 通信中断，故障灯点亮，但未转换至备用模块工作，输出中断。

故障分析

经检查确认 DHXD-SH1-1 电源模块故障不退出，不能转换至备用模块，将该故障模块拔出后转至备用模块工作。（故障模块内模块互锁接点粘连造成）

故障处理

更换该故障模块，更换后自动恢复主用模块工作，备用模块恢复热备。

⚠注意事项

1. 更换前必须将新模块上地址码按故障模块码位拨好。

2. 更换后应对主备模块进行切换试验，确保切换良好。

案例 9:交流电源模块主备均故障

故障现象

电源屏声光告警，监控单元告警 DHXD-SH1-1、2、3 通信中断，3 个模块保护灯点亮，输出中断，全站信号机灭灯。

故障分析

经检查 DHXD-SH1-2 电源模块内部短路故障，将该故障模块拔出 20 s 后模块 DHXD-SH1-1、3 恢复正常工作，切换试验 DHXD-SH1-1、3 超过 5 s，信号点灯电源掉电，确认 DHXD-SH1-1、DHXD-SH1-2 均故障。(DHXD-SH1-1、DHXD-SH1-2 内模块续流电容下降造成)

故障处理

更换 DHXD-SH1-1、DHXD-SH1-2 故障模块，更换后自动恢复主用模块工作，备用模块恢复热备。

⚠注意事项

1. 更换前必须将新模块地址码按故障模块上拨好。

2. 更换后应对主备模块进行切换试验，确保切换良好。

案例 10：直流电源模块故障

故障现象

电源屏声光告警，监控单元告警 DHXD-SE3-1 通信中断，模块保护灯点亮。

故障分析

经检查确认 DHXD-SE3-1 模块故障。

故障处理

更换 DHXD-SE3-1 故障模块。

⚠注意事项

1. 更换前必须将新模块上地址码按故障模块上拨好。

2. 更换后需检查模块均流良好。

案例 11：电源模块通信中断故障

故障现象

电源屏声光告警，监控单元告警 DHXD-SD1-1 通信中断，模块指示灯正常。

故障分析

经检查该模块通信线良好，但地址码错误。

故障处理

将该模块地址码校对正确无误。

⚠注意事项

检查通信线和地址码。

案例 12：交流 50 Hz 输出空开故障

故障现象

监控单元报某一路交流电源输出中断，同时对应输出空开闭合良好，对应的交流 50 Hz 模块指示灯正常。

故障分析

经测试空开上部电压正常，但空开下部无电压，判断该交流 50 Hz 输出空开故障。

故障处理

1. 将故障空开对应的交流电源输出线接到未使用的交流输出端子上，临时恢复设备供电。

2. 在天窗点内更换该故障空开。

⚠注意事项

必须确认负载无短路。

案例 13：计算机联锁电源主备模块均故障，计算机联锁电源输出中断

故障现象

计算机联锁电源输出中断，计算机联锁设备停机。

故障分析

经检查分析，因恶劣天气导致外电网Ⅰ、Ⅱ路电源多次来电、断电，造成给计算机联锁供电的 2 块 DHXD-H4 主备电源

模块均故障，使计算机联锁电源输出中断，UPS 放电完毕后计算机联锁设备停机。

故障处理

1. 借用该站电源屏上热备的同型号电源模块插入计算机联锁主模块位置临时恢复设备供电。

2. 在天窗点内更换故障的 2 台电源模块。

⚠注意事项

1. 更换前必须将新模块地址码按故障模块上地址码拨好。

2. 临时借用的电源模块必须是本机柜其他处于备用状态的同型号模块，并加强盯控，及时更换故障模块。

案例 14：DHXD-D2 交流转辙机主备电源模块均故障

故障现象

交流转辙机电源无输出，DHXD-D2 主备电源模块故障红灯亮，监控单元报交流转辙机模块通信中断。

故障分析

经检查，在电源屏Ⅰ路电源工作时，DHXD-D2 主备电源模块工作正常，切换至Ⅱ路电源工作时，交流转辙机电源模块 DHXD-D2 故障告警。测试外电网输入Ⅱ路电源相序错误。

故障处理

通知供电部门将Ⅱ路电源相序调整正确。

⚠注意事项

相序调整后应进行切换试验，检查模块工作状态。

案例 15：DHXD-SE4 模块故障

故障现象

电源屏声光告警，监控单元显示 DHXD-SE4-1 模块故障。

故障分析

通过监控单元告警信息和电源模块故障指示灯，找到对应的电源模块，检查确认该模块故障。

故障处理

更换同型号电源模块。

⚠注意事项

1. 更换前必须将新模块地址码按故障模块上地址码拨好。

2. 更换的新 DHXD-SE4 电源模块上的 24～60 V 可调电压一定要先调到与原来模块电压一致。

案例 16：C 级防雷单元故障

故障现象

电源屏声光告警，监控单元显示 C 级防雷故障。

故障分析

检查输入 C 级防雷单元，前面绿色视窗翻转变成红色，C 级防雷故障。

故障处理

更换 C 级防雷单元。

⚠注意事项

如果防雷单元良好，应检查 C 级防雷单元是否插接到位，底座上的告警配线是否接触良好。

案例 17：D 级防雷器故障

故障现象

电源屏声光告警，监控单元显示 D 级防雷器故障。

故障分析

检查发现 D 级防雷器盒面板绿色指示灯灭，D 级防雷器故障。

故障处理

更换 D 级防雷器盒。先打开 D 级防雷器外盖板，再打开防雷器盒盖，拆下接线和防雷盒，按相反顺序装上新防雷盒。

⚠注意事项

更换 D 级防雷盒一定要全系统停电的情况下进行。

案例 18:输出防雷板故障

故障现象

检查发现输出防雷板指示绿灯灭灯。

故障分析

输出防雷板故障。

故障处理

更换故障的输出防雷板。

⚠注意事项

输出防雷板并联输出电压,建议在天窗点内进行更换。

案例 19:时钟同步板故障

故障现象

监控单元报时钟同步板(图 3)故障,时钟同步板上的电源灯、工作灯全灭。

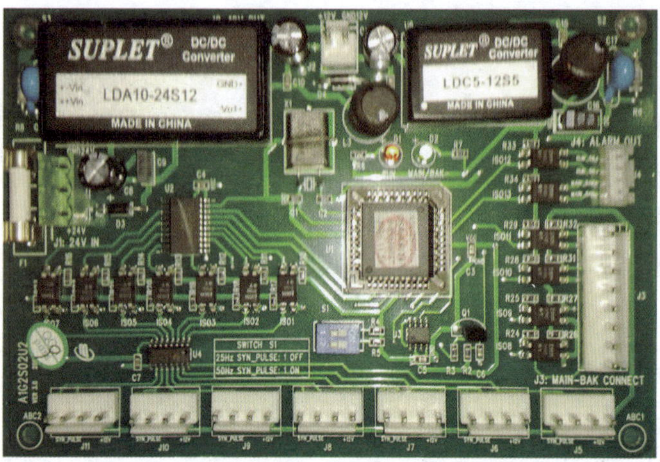

图 3　时钟同步板

故障分析

交流电源模块输出负载较大时,多个交流电源模块通过时钟同步板并联工作，增加容量。时钟同步板2块同时工作，1块故障即告警，但不会造成故障，需及时更换。

故障处理

首先检查故障时钟同步板的熔断器，若开路予以更换，若不是熔断器故障，更换时钟同步板。直接拔下故障板上的所有插头，拆下后更换新板件。

⚠注意事项

需找准故障时钟同步板位置。

案例20：空开检测板故障

故障现象

电源屏声光告警，监控单元报电源屏2的几路输出全部中断。

故障分析

经测试，电源屏2对应的电源实际输出正常，判断为空开检测板（图4）故障。

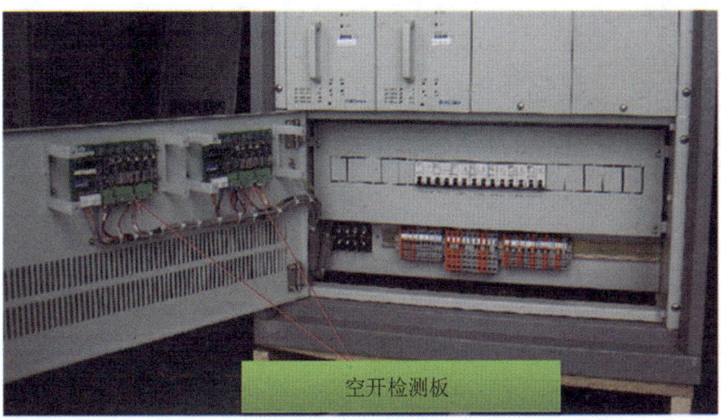

图4　空开检测板

故障处理

更换空开检测板：关闭对应输出空开，拔下故障板上的所有插头，从机柜上拆下电路板，安装好新板件。

⚠注意事项

要在天窗点内进行，有高电压，一定要注意安全！

案例 21：交流电源模块切换板故障

故障现象

电源屏交流 DHXD-SH1 主备模块不能转换。

故障分析

电源屏切换试验时发现交流 DHXD-SH1 主备模块不能转换，将主备模块转换至同型号模块位置，试验工作正常，切换试验良好，判断为 DHXD-SH1 模块背板上的 3+1 切换板故障。

故障处理

更换 DHXD-SH1 模块背板上的 3+1 切换板。

⚠注意事项

要在天窗点内进行，先关闭负载及输入电源；更换后应对主备模块进行转换试验，确保切换良好。

案例 22：25 Hz 电源模块 DHXD-TC1 故障

故障现象

电源屏声光告警，监控单元告警 DHXD-TC1-1 通信中断，模块无任何显示。

故障分析

经检查确认 DHXD-TC1-1 模块故障。

故障处理

更换 DHXD-TC1-1 故障模块。

⚠注意事项

1. 更换前必须将新模块地址码按故障模块上地址码拨好。

2. DHXD-TC1 多个模块工作时，故障模块拔出后禁止再插入，应注意其他模块是否工作正常，以免扩大故障范围。

案例 23:交流电源模块 DHXD-TH1 故障

故障现象

电源屏声光告警,监控单元告警 DHXD-TH1-2 通信中断,模块保护灯亮。

故障分析

经检查确认 DHXD-TH1-2 模块故障。

故障处理

更换 DHXD-TH1-2 故障模块。

⚠注意事项

1. 更换前必须将新模块地址码按故障模块上地址码拨好。

2. DHXD-TH1 电源模块一组 4 台或 3 台并联均流输出,故障模块拔出后禁止再插入,应注意其他模块是否工作正常,负载是否能带动,以免造成其他模块过流保护。

案例 24:采集电源模块 DHXD-FM3 故障

故障现象

电源屏多个输出实测值与监控单元上显示的数据不一致。

故障分析

经检查确认 DHXD-FM3 模块故障。

故障处理

更换 DHXD-FM3 故障模块。

⚠注意事项

更换时应注意模块后面的插头,以免断线或短路。

(二)常见故障处理操作方法

1. 输入配电回路直供操作方法

直供操作方法 1:

PZ 型改造过的电源屏,先断开Ⅰ路、Ⅱ路输入空开 QF1、

QF2;手动把输入配电单元的直供开关转换到Ⅰ路直供位或Ⅱ路直供位即可(图 5)。

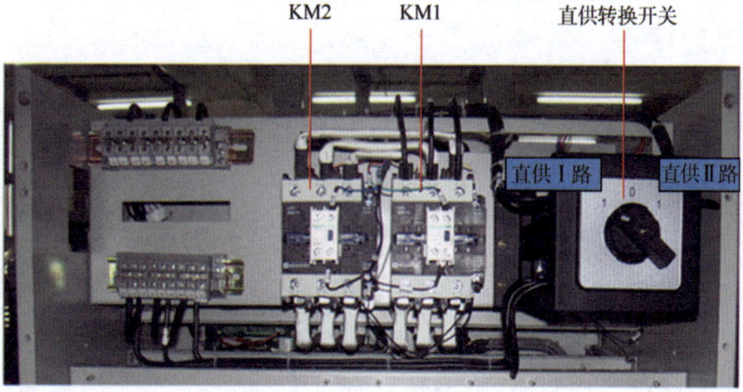

图 5　PZ 型改造过的电源屏直供操作面板

直供操作方法 2:

PZG 型鼎汉电源屏直供操作程序如下(图 6):

(1)先断开Ⅰ路、Ⅱ路输入空开 QF1、QF2。

(2)将工作闸刀 QF3 旋转至 OFF。平移滑板,将直供闸刀 QF4 旋转至 ON。

(3)平移滑板,选择Ⅰ路直供将闸刀 QF5 旋转至 ON;选择Ⅱ路直供将闸刀 QF6 旋转至 ON。

(4)检查各个模块工作是否正常,负载工作是否正常。

直供恢复正常供电操作方法:

PZ 型改造过的电源屏,手动把输入配电单元的直供开关转换到正常位,然后合上电源屏系统内部两路输入闸刀 QF1、QF2 即可。

PZG 型鼎汉电源屏直供恢复操作程序如下:

(1)将 QF4 旋转至 OFF。平移滑板。将工作闸刀 QF3 旋转至 ON。

(2)合上电源屏系统内部两路输入闸刀 QF1、QF2。

(3)检查各个模块及负载工作是否正常。

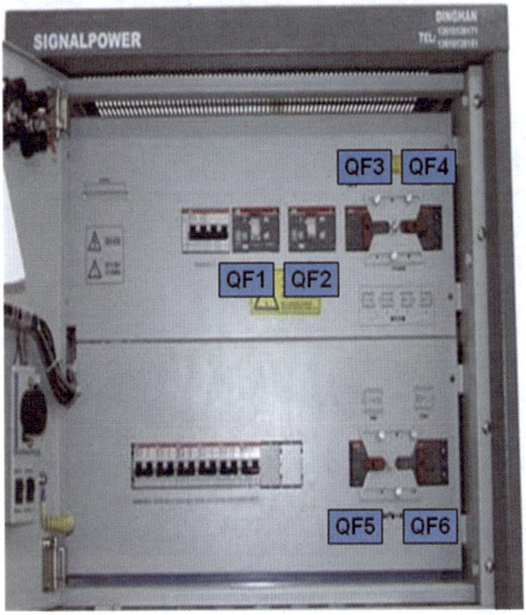

图 6　PZG 型鼎汉电源屏直供操作面板

⚠注意事项

(1)直供操作系统会断电。

(2)严禁拆卸滑板，严禁将 QF3/QF4、QF5/QF6 同时置于 ON 状态！

直供操作方法 3：

PKX 型鼎汉电源屏直供操作程序如下(图 7)：

(1)断开电源屏系统内部两路输入闸刀 QF1、QF2。

(2)平移滑板，选择Ⅰ路直供将闸刀 QF5 旋转至 ON。选择Ⅱ路直供将闸刀 QF6 旋转至 ON。

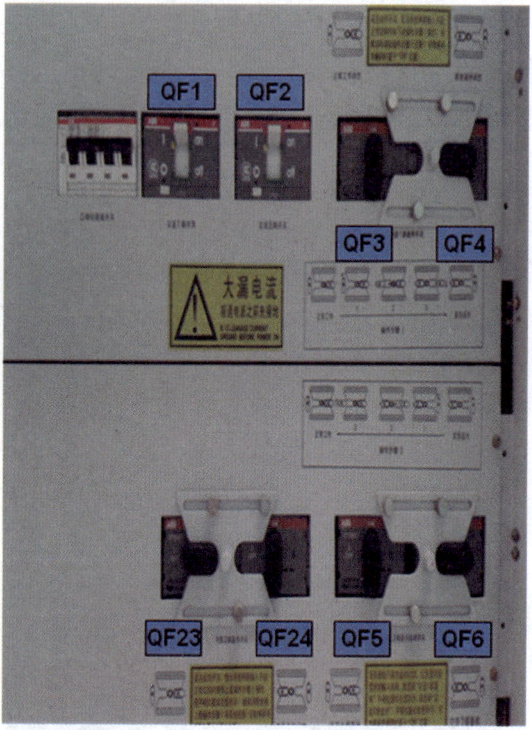

图 7　PKX 型鼎汉电源屏直供操作面板

(3)平移滑板,选择内部Ⅰ路母线直供将闸刀 QF4 旋转至 ON。

(4)平移滑板,选择内部Ⅱ路母线直供将闸刀 QF23 旋转至 ON。

(5)检查 UPS 及各个模块工作是否正常,负载工作是否正常。

PKX 型鼎汉电源屏直供恢复正常供电操作程序如下:

(1)将 QF4 旋转至 OFF。平移滑板,将工作闸刀 QF3 旋转至 ON。

(2)将 QF23 旋转至 OFF。平移滑板。将工作闸刀 QF24

旋转至 ON。

(3)合上电源屏系统内部两路输入闸刀 QF1、QF2。

(4)检查各个模块、负载及 UPS 工作是否正常。

⚠注意事项

(1)直供操作系统会断电。

(2)严禁拆卸滑板,严禁将 QF3/QF4、QF5/QF6、QF23/QF24 同时置于 ON 状态。

2. 电源模块故障处理操作方法

(1)断开模块输入空开。

(2)用螺丝刀拧下模块前面板上的皇冠螺钉。

(3)向外拉模块前面板上的拉手,把模块取下(图 8)。

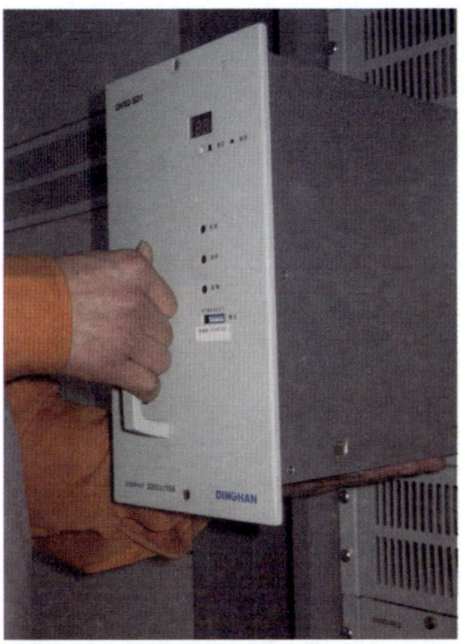

图 8　取模块示意图

(4)按原模块地址码拨好新模块地址码。

(5)将新模块按反顺序安装到模块插框上,并紧固皇冠螺钉。

(6)合上模块输入空开。

3.更换旁路直供模块故障处理操作方法

当旁路直供模块 DHXD-FS1 故障时,维修开关打到维修位置,市电不经过 FS1 旁路直供模块直接给负载供电。

更换旁路直供模块的步骤如下:

(1)申请天窗;

(2)将维修开关从正常位置打到维修位置;

(3)更换故障 FS1 模块;

(4)将维修开关从维修位置打到正常位置;

(5)试验销记。

二、北京铁通康达铁路智能信号电源屏（PDZ 系列）

（一）典型故障案例（14 例）

案例 1：输入电源控制模块（AMS1、AMS2）同时故障

故障现象

全站信号设备停电。

故障分析

Ⅰ、Ⅱ路输入电源正常，输入电源控制模块（图 9）AMS1 和 AMS2 均不工作，电源屏整个系统断电。

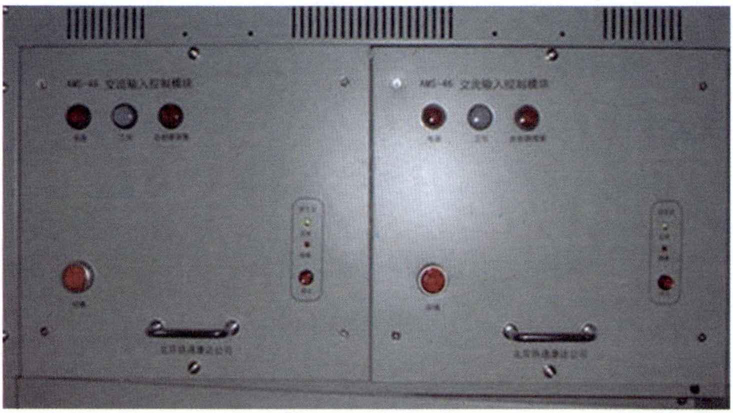

图 9　输入电源控制模块

故障处理

先采取紧急直供恢复设备供电，然后在天窗点内逐一更换故障的输入电源控制模块。

⚠注意事项

更换输入电源控制模块前，需确认该模块上过欠压按钮置于弹起位置。

案例 2：输入电源控制模块 AMS1 内部过欠压保护器故障

故障现象

全站信号设备瞬间停电。

故障分析

通过调看集中监测分析发现：13 时 37 分 4 秒至 13 时 37 分 13 秒全站瞬间红光带、道岔无表示、信号机灭灯，同时影响区间 T10732 变黄灯。14 时 18 分 57 秒至 14 时 19 分 11 秒，全站停电故障再次发生。检查分析原因为Ⅰ路输入电源控制模块 AMS1 内部过欠压保护器故障，正在工作的电源屏Ⅱ路电源发生异常，不能正常切换至Ⅰ路。

故障处理

更换Ⅰ路输入电源控制模块 AMS1 或模块内部过欠压保护器。

⚠注意事项

1. 更换输入电源控制模块前，需确认该模块上过欠压按钮置于弹起位置。

2. 更换Ⅰ路输入电源控制模块 AMS1 后，在Ⅰ、Ⅱ路输入电源正常时，必须对Ⅰ、Ⅱ路电源进行切换试验，确保切换良好。

案例 3：输入电源控制模块 AMS2 后面绿色插排端子松动故障

故障现象

全站信号设备停电。

故障分析

2016 年 8 月 23 日 9 时 34 分某站全站信号设备停电。通过查看集中监测发现：8 月 23 日 9 时 34 分外电网Ⅰ路停电，Ⅱ路电源正常，电源屏输出断电。检查分析原因为Ⅱ路输入电源控制模块 AMS2 后面绿色插排端子 3、4 松动，插接不到位，导致Ⅰ路停电不能转换至Ⅱ路。

故障处理

检查插紧Ⅱ路输入控制模块 AMS2 后面绿色插排 3、4 端子，使Ⅱ路输入控制模块 AMS2 工作正常。

⚠注意事项

先断电再处理。

案例 4：交流稳压电源模块故障

故障现象

电源屏声光故障告警，监控单元显示 W11 模块故障。

故障分析

通过检查发现，W11 位 AFD-08C 交流稳压电源模块故障灯亮，要点重启后仍不能恢复正常。

故障处理

更换 AFD-08C 交流稳压电源模块。

⚠注意事项

先将输出电源旁路供电，再断开该模块的输入断路器。

案例 5：交流 $N+1$ 电源模块故障

故障现象

电源屏声光故障告警，A21 位 BX-52E 电源模块故障灯亮，监控单元显示 A21 模块故障。

故障分析

通过检查发现，A21 位 BX-52E 电源模块故障灯亮，已自动转换至备用 $N+1$ 模块工作，需更换该故障电源模块。

故障处理

更换 A21 位 BX-52E 电源模块。

⚠注意事项

注意更换操作程序，更换完毕后必须对主备模块进行切换试验，确保切换良好。

案例 6：交流 1+1 电源模块故障

故障现象

电源屏声光故障告警，A11 位 BX-10D 电源模块故障灯亮，监控单元显示 A11 模块故障。

故障分析

通过检查发现，A11 位 BX-10D 电源模块故障灯亮，已自动转换至备用 1+1 模块工作，需更换该故障电源模块。

故障处理

更换 A11 位 BX-10D 电源模块。

⚠注意事项

更换完毕后必须对主备模块进行切换试验，确保切换良好。

案例 7：交流 25 Hz 电源模块故障

故障现象

全站红光带。

故障分析

通过检查发现，25 Hz 电源模块 AMA-25D-2000 主备模块故障灯亮，拔出一台模块后，红光带消失。判断原因为两台模块输出端子并联，一台模块故障转换至另一台后，由于模块内部输出短路，造成另一台模块也故障保护。

故障处理

更换故障的 AMA-25D-2000 电源模块。

⚠注意事项

1. 必须确认是哪一块模块故障。

2. 更换完毕后必须进行主备模块切换试验，确认切换良好。

3. 更换新模块后，模块工作正常，但全站轨道电路仍然红光带，应检查轨道、局部电源相位角是否正常。

案例 8:测长电源模块 AMA-175-4000 故障

故障现象

电源屏声光故障告警,C11 位 AMA-175-4000 电源模块灭灯冒烟起火,监控单元显示 C11 模块故障。

故障分析

通过检查发现,故障的 AMA-175-4000 电源模块内部滤波电容起火,已自动转换至备用 1+1 模块工作,需更换该故障电源模块。

故障处理

更换 C11 位 AMA-175-4000 电源模块。

⚠注意事项

更换完毕后必须进行主备模块切换试验,确认切换良好。

案例 9:直流电源模块故障

故障现象

电源屏声光故障告警,监控单元显示 B27 模块故障。

故障分析

通过检查发现,B27 位 AMZ-024D-85A 电源模块故障灯亮,需更换该故障电源模块。

故障处理

更换 B27 位 AMZ-024D-85A 电源模块。

⚠注意事项

先关闭模块面板上的空开后进行更换,换好后检查并联冗余模块均流良好。

案例 10:直流电源模块输入空开断开故障

故障现象

电源屏声光故障告警,监控单元显示 B21、B22 模块故障,继电器电源输出断。

故障分析

通过检查发现，B21、B22 位的 AMZ-024D-85A 电源模块输入空开掉下，分别插拔 B21、B22 位的 AMZ-024D-85A 电源模块后，判断是由于 B21 位的 AMZ-024D-85A 电源模块故障，导致 B21、B22 位模块共用输入空开掉下，继电器电源输出断。

故障处理

检查发现 B21 位 AMZ-024D-85A 电源模块故障且模块内部输出短路。更换该电源模块，工作正常后处于并联冗余状态。

⚠注意事项

换好后检查并联冗余模块均流良好。

案例 11：直流电源模块同时保护故障

故障现象

区间上下行红光带，电源屏声光故障告警，监控单元显示 A21、A22、A23 模块故障，区间轨道电源输出中断。

故障分析

通过检查发现，A21、A22、A23 位的三台 AMZ-024D-85A 模块均保护，造成区间轨道电源输出断。

故障处理

由于现场工区没有冷备的同型号电源模块，应急处理将用于电码化的两台 AMZ-024D-85A 安装到区间轨道位置，将用于继电器的一台 AMZ-024D-50A 和用于 ZPW-2000A 监测的一台 AMZ-024D-30A 安装到电码化位置后故障恢复。后续要点更换故障模块三台。

⚠注意事项

1. 替代模块必须考虑原有负载电流是否够用。

2. 检查并联冗余模块均流良好。

3. 需跟踪观察新模块运用状况。

案例 12:站联电源模块故障

故障现象

电源屏声光故障告警,监控单元显示 B37 模块故障。

故障分析

通过检查发现,B37 位 AMZ-060D-04 电源模块故障灯亮,第三束输出指示灯灭灯,需更换该故障电源模块。

故障处理

更换 B37 位 AMZ-060D-04 电源模块。

⚠注意事项

1. 更换前要先将新模块各路输出电压调节至与 B38 位的同型号电源模块的各路输出电压一致。

2. 检查并联冗余模块均流良好。

案例 13:防雷单元坏

故障现象

电源屏声光故障告警,监控单元显示防雷故障。

故障分析

通过检查发现,B 电源屏站间联系输出 3 防雷单元显示窗口亮红灯,需更换该故障防雷单元。

故障处理

更换同型号防雷单元。

⚠注意事项

电源屏内任意防雷单元接触不好、未插牢或者故障均会告警防雷故障。

案例 14:输出取样板性能不良

故障现象

电源屏监控单元显示站间联系电源电压 38 V,实测 50 V。

故障分析

通过检查发现,电源屏站间联系输出取样板 ZDY-A 性能不良，造成采集数据与实测不一致。需更换该故障取样板。

故障处理

更换同型号输出取样板。

⚠注意事项

更换取样板后应调整板卡上对应的调节旋钮，使监测单元上采集数据与实测保持一致。

（二）常见故障处理操作方法

1. 紧急直供操作方法（图 10）

先将净化稳压屏中隔离开关 QS2 断开，再闭合断路器 1QF3，操作 2QS1 或 2QS2 选择Ⅰ或Ⅱ路输入电源即可实现紧急直供（图 11）。

⚠注意事项

（1）断路器 1QF3 与隔离开关 QS2 禁止同时闭合。

（2）断路器 1QF3 仅在故障应急处理或输入部分带电维修时方可闭合。

2. 输入电源控制模块（AMS）和交流转辙机电源控制模块（AMC）更换操作方法

（1）采取直供的方法可以进行两台 AMS（AMC）的更换。

（2）先断开故障控制模块的相应输入断路器 1QF1（或 1QF2）和输出隔离开关 QS3（或 QS4），还需将当前在用控制模块后面板上的钥匙钮旋至维修挡，可以进行单台模块更换。

3. 交流稳压电源模块（AFD）更换操作方法

（1）将故障交流稳压电源模块的输出空开扳下至旁路供电（图 12）。

（2）断开相应交流稳压电源模块的输入空开，更换故障电源模块。

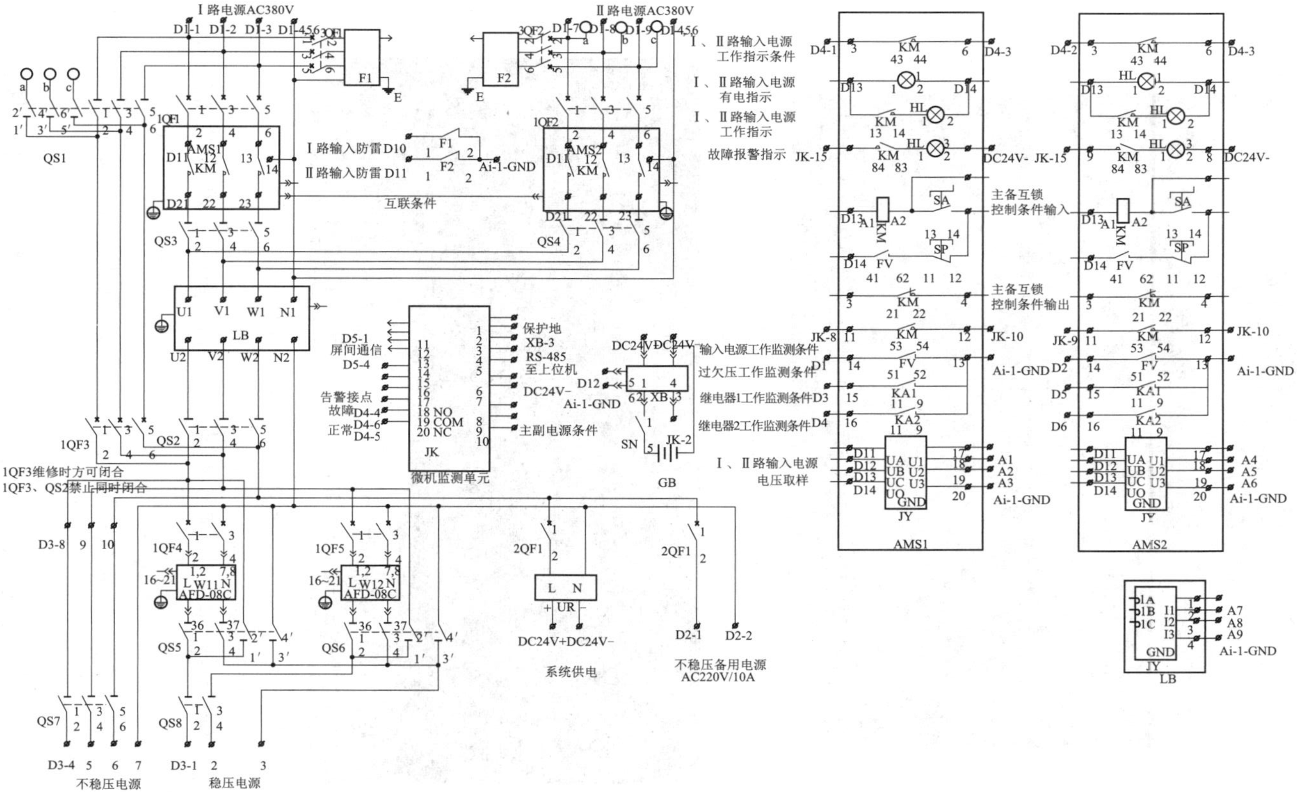

图 10　铁通康达净化稳压屏直供操作原理

图 11　铁通康达电源屏紧急直供操作面板

图 12　交流稳压电源模块输出空开

(3)将稳压模块的输入空开闭合,待模块工作正常后,将输出空开扳上至稳压供电。

4. 交流 220 V 电源模块和 25 Hz 高频开关电源模块更换操作方法

(1)BX 系列电源模块采用“$N+1$”设置更换故障模块时,应先断开故障模块输入断路器，并将该模块输出所对应的开关端子闭合，拔下故障模块进行更换。更换后确认模块插接接触良好，闭合该模块输入断路器，再将输出所对应的开关端子断开，系统自动转回主用模块输出。

（2）BX 系列电源模块采用“1＋1”设置更换故障模块时，应先断开故障模块输入断路器，拔下故障模块进行更换，更换后确认模块插接接触良好，闭合该模块输入断路器，此时该电源模块处于备用状态。

（3）AMA-25D-2000 电源模块故障，应先断开故障模块输入断路器，拔下故障模块进行更换，更换后确认模块插接接触良好，闭合该模块输入断路器，此时该电源模块处于备用状态。

5. 直流电源模块（图 13）更换操作方法

图 13　直流电源模块

(1)AMZ-024D系列电源模块故障，应先断开该模块面板上电源开关，拔下故障模块进行更换，确认模块插接接触良好，闭合模块输入断路器，模块工作正常后，须观察同用途并联输出电源模块的均流指标应满足不大于5%的技术要求，当均流超标时，可微调模块面板上的小旋钮进行调整。

(2)AMZ-060D系列电源模块故障，先测试工作正常的并联输出模块的各路输出实际电压，然后对计划更换的新模块屏外接入AC 220 V电源，将模块的各路输出电压调整一致，再按步骤进行更换。

三、国铁路阳智能信号电源屏(DSG 系列)

(一)典型故障案例(8 例)

案例 1:电源屏转换模块插座(DJL-37Z 电连接器)配线短路

故障现象

CTC 显示该中继站区间信号机全部闪红灯,轨道电路红光带。检查发现电源防雷箱空开断开,电源屏输入空开也断开,测试电源防雷箱空开Ⅰ、Ⅱ路输入三相电源线电压均有 405 V,电源屏输入空开打火合不上。

故障分析

检查发现电源屏输入控制模块 1 插座板(DJL-37Z 电连接器)配线过于密集,绝缘不良拉弧短路,线缆发热烧熔,造成配线短路,将输入空开冲下,闭合不上。

故障处理

甩开输入控制模块 1 端子板上的所有配线,然后闭合输入直供开关 1PK 倒向直供,设备恢复正常,临时恢复设备正常使用(图 14)。后联系厂家更换经改造过的转换模块插座板(DJL-37Z 电连接器),重新焊接配线后恢复正常。

⚠注意事项

1. 更换完毕后必须进行切换试验。

2. 注意模块及配线温升检查。

案例 2:输入控制模块 LYR-380/63B1 内交流接触器线圈 A2 配线松动接触不良

故障现象

全站信号机全部闪红灯,轨道电路红光带。检查发现电源开关箱空开断开,电源屏输入空开也断开。

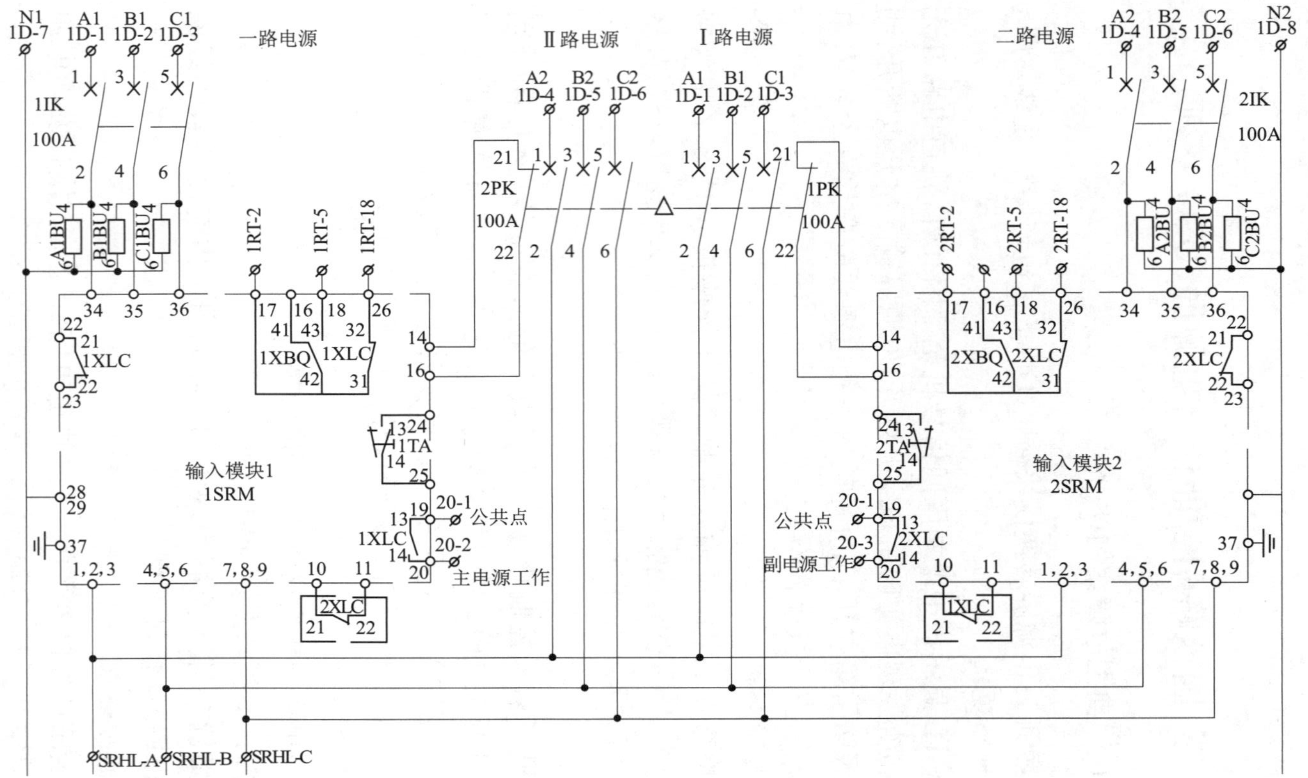

图 14　国铁路阳电源屏直供原理

故障分析

检查发现输入控制模块 1(型号 LYR-380/63B1)内交流接触器线圈 A2 配线松动接触不良,造成交流接触器跳动,产生大电流冲掉电源屏Ⅰ、Ⅱ路输入空开和电源防雷箱Ⅰ路空开。

故障处理

断开Ⅰ路输入空开,闭合Ⅱ路输入空开,输入控制模块 2 工作,临时恢复设备供电使用。然后在天窗点内更换输入控制模块 1(型号 LYR-380/63B1)。

⚠注意事项

更换完毕后必须进行切换试验。

案例 3:输入控制模块 LYR-380/63 内交流接触器接点拉弧,造成输入空开掉下。

故障现象

全站信号机全部闪红灯,轨道电路红光带。检查发现电源开关箱空开断开,电源屏输入空开也断开。

故障分析

输入控制模块(型号 LYR-380/63)内交流接触器接点拉弧,产生大电流冲掉电源屏Ⅰ、Ⅱ路输入空开和防雷空开箱Ⅰ、Ⅱ路空开。

故障处理

闭合电源防雷箱Ⅰ、Ⅱ路空开,闭合电源屏Ⅰ、Ⅱ路输入空开,临时恢复设备正常使用。然后要点更换输入控制模块 1、2(型号 LYR-380/63)。

⚠注意事项

1. 更换完毕后必须进行切换试验。

2. 对存在接点拉弧的输入控制模块应开展定期检查。

案例 4:稳压模块故障

故障现象

智能电源屏声光告警,监控单元告警稳压模块 1 故障。

故障分析

经现场检查,确定故障原因是稳压模块 1(型号 LYW-220/34)故障。

故障处理

更换故障的稳压模块 1(型号 LYW-220/34)。

⚠注意事项

先将输出电源旁路供电,再断开该模块的输入断路器。

案例 5:交流 220 V 模块故障

故障现象

智能电源屏声光告警,监控单元告警 CTC 电源模块故障。

故障分析

经现场检查确定故障原因是用于 CTC 设备的交流 220 V 模块(型号 LYB-220/5×2)(图 15)故障。

故障处理

更换故障的交流 220 V 电源模块(型号 LYB-220/5×2)。

⚠注意事项

如有备投模块,更换完毕后应按压相应的备投解锁按钮转换回主用模块。

案例 6:直流模块故障

故障现象

智能电源屏声光告警,监控单元告警区间模块 4 故障。

故障分析

经现场检查,确定故障原因是用于区间轨道设备的直流 24 V

电源模块(型号 LYZ1-24/50-B2)故障。

图 15　交流 220 V 模块

故障处理

更换故障的直流 24 V 电源模块(型号 LYZ1-24/50-B2)。

⚠注意事项

更换完毕后应检查调整并联冗余模块均流。

案例 7:采集模块配线接触不良故障

故障现象

智能电源屏声光告警,监控单元告警采集模块 2 故障。

故障分析

经现场检查发现,电源屏 2 内用于采集的集中处理器排线接触不良。

故障处理

重新拔插排线,告警消除。然后更换该不良排线。

⚠注意事项

更换完毕后应检查监控单元采集数据是否与实际相符。

案例 8:电源屏 C 屏站联模块不良造成站联电源输出异常

故障现象

区间红光带。

故障分析

区间屏 LYZ-24-60/2/4 模块灯灭,2 号模块保护,拔出 1 号模块,恢复供电。分析:

1. 2 号模块保护说明有短路点。
2. 排除负载短路后即怀疑 1 号模块内部短路。
3. N+1 模块一个个断电排除。

故障处理

甩开负载,一段段找出故障点;负载故障处理好后,再更换模块恢复。

⚠注意事项

首先应区分是屏内还是屏外故障。

(二)常见故障处理操作方法

1. 输入配电回路直供操作方法

先断开输入Ⅰ、Ⅱ路输入空开,然后滑动机械互锁装置,选择Ⅰ路电源直供闭合输入直供开关 1PK;选择Ⅱ路电源直供闭合输入直供开关 2PK(图 16)。

⚠注意事项

不可拆卸机械互锁装置,同时闭合 1PK 和 2PK。

2. 输入控制模块更换操作方法

操作方法 1:先选择Ⅰ路电源直供或Ⅱ路电源直供,然后对两块输入控制模块进行更换。

操作方法 2:先将检修插头插入正在工作的输入控制模块维修插孔,然后可以对另一块输入控制模块进行更换。

⚠注意事项

更换时要断开相应模块的输入空开。

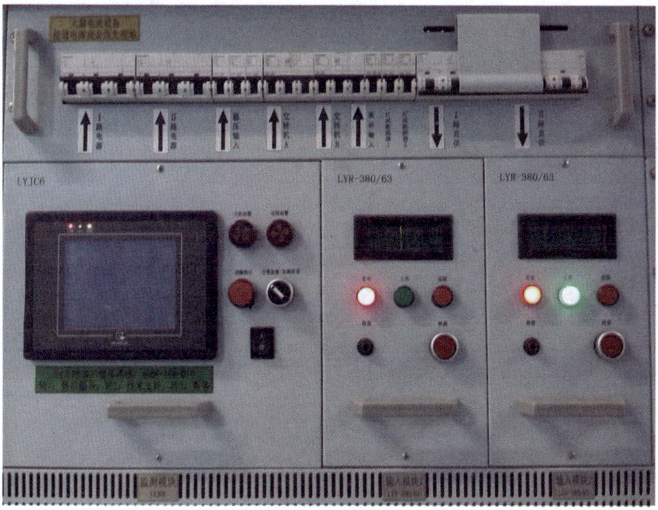

图 16　输入配电回路直供操作面板

3. 稳压模块(图 17)故障处理操作方法

先将该故障模块的输出空开置于外电网直供状态,然后关闭故障模块的输入空开进行更换,更换完毕后先闭合稳压模块输入空开,待模块工作正常后将输出选择空开恢复至稳压输出位置。

4. 交流 220 V 输出电源 $N+1$ 备投系统故障处理操作方法

检测 AC 220 V 电源主回路输入/输出开关、隔离组件、端子等部位,更换相关故障模块或器件。

图 17　稳压模块

⚠ 注意事项

当故障或维修的主回路电源输出恢复正常后，须人工按一下该路备用系统的“备投解锁”按钮，待备用投入状态指示点亮绿灯，则表明该路 $N+1$ 备投系统重新处于热备状态。

四、北京津宇嘉信智能信号电源屏(PMZG 系列)

(一)典型故障案例(9 例)

案例 1:输入配电单元故障且Ⅰ、Ⅱ路 PDB 切换板故障

故障现象

Ⅰ、Ⅱ路电网正常,但输入接触器不吸合,模块断电,设备输出中断。

故障分析

输入配电单元故障且Ⅰ、Ⅱ路 PDB 切换板故障。

故障处理

采取手动Ⅰ路直供或Ⅱ路直供,然后更换输入配电单元。

⚠注意事项

更换完毕后必须进行切换试验。

案例 2:输入配电单元切换板 PDB 故障。

故障现象

Ⅰ路或Ⅱ路外电网瞬间异常,但输入接触器吸合且瞬间掉电 2 s 左右,模块断电,设备输出中断。

故障分析

输入配电单元故障,Ⅰ、Ⅱ路 PDB 切换板灵敏度调整门限值范围较窄,设备产生误动。

故障处理

先关闭 PDB 切换板上与灵敏度有关的红色白柄二位拨码开关,然后更换同种型号的 PDB 切换板。

⚠注意事项

更换完毕后必须进行切换试验。

案例 3:交流模块主备同时故障

故障现象

支路输出供电中断，主、备模块(型号 JXJ-220/15、JXJ-220/10)工作指示灯均灭灯，监控单元报相应模块、支路输出故障。

故障分析

主、备交流模块均故障，需更换模块。

故障处理

更换同型号交流模块。

⚠注意事项

更换完毕后必须进行主备模块切换试验。

案例 4:信号点灯模块 1(JXJ-220/10)故障或保护不能自动倒备用模块工作。

故障现象

站场部分信号机灭灯，信号点灯模块 1 故障或保护无法自动倒备用模块。

故障分析

信号点灯模块为 3+1，每个模块负责一路信号点灯输出，其中信号点灯模块 1 模块故障后不能自动倒备用模块，造成输出中断，站场部分信号机灭灯。

故障处理

备用模块为第四个模块，把备用模块直接插入故障模块位置；如果还不行，借用 A 屏同型号或 JXJ-220/15 备用模块。

⚠注意事项

更换完毕后必须进行主备模块切换试验。

案例 5:主用模块故障,同时模块切换背板故障

故障现象

计算机联锁、集中监测、TDCS、道岔表示等电源输出中断,各电源对应模块故障或保护。

故障分析

主用模块故障,同时模块切换背板故障,主用模块没有自动倒备用模块。

故障处理

先将故障模块取出,再将屏上备用模块取下插入故障模块位置,临时恢复设备供电,然后更换故障模块和故障模块切换背板。

⚠注意事项

1. 更换完毕后必须对主备模块进行切换试验,确保主备切换正常。

2. 当更换好屏上备用模块仍不能恢复供电时,可临时借用 A 屏同型号或 JXJ-220/15 备用模块。

案例 6:多个模块同时故障

故障现象

电源屏多个条件电源无输出。

故障分析

多个模块故障。

故障处理

本屏交流模块是同一种型号,每个机笼第四个模块是备用模块。本套屏有 3 个备用模块可以互相调换,再加上集中监测电源模块,本屏最多可同时 4 个模块故障。用相应的备用模块替换。

⚠注意事项

模块更换完毕后必须对主备模块进行切换试验，确保主备模块切换正常。

案例 7：继电器、直流转辙机模块故障

故障现象

继电器、直流转辙机无电源输出，某个模块故障或保护。

故障分析

继电器、直流转辙机模块为多个模块并联输出，如果某个模块故障可能会影响到其他模块正常工作。

故障处理

根据监控单元告警信息和模块面板故障指示灯状态，找出故障电源模块，将故障模块拔出，恢复输出供电，后续用同型号模块进行更换。

⚠注意事项

更换完毕后并联冗余模块应检查均流良好。

案例 8：短路切除板故障

故障现象

监控单元报"轨道Ⅱ支路输出故障"，25 Hz 电源模块 JXB-22006/11008 工作正常，轨道支路无输出。

故障分析

短路切除板故障。

故障处理

将短路切除板 ON-OFF 拨到Ⅱ路直供（OFF 位）位置，临时恢复设备供电，然后更换同型号的短路切除板。

⚠注意事项

应先确认该支路负载没有短路。

案例9：25 Hz 电源模块 JXB-22006/11008 故障

故障现象

监控单元报 M11 25 Hz 电源模块故障，转备用 M12 工作，25 Hz 轨道/局部模块输出工作正常，M11 模块故障灯亮。

故障分析

M11 25 Hz 电源模块故障。

故障处理

更换 M11 25 Hz 电源模块。

⚠注意事项

模块更换完毕后必须对主备模块进行切换试验，确保主备切换正常。

(二)常见故障处理操作方法

1. 输入配电回路直供操作方法

操作方法1：

老系统为手动把输入配电单元的直供开关(SA1)转换到Ⅰ路直供位 QF1 或Ⅱ路直供位 QF2 即可。

操作方法2：

新系统为手动平移互锁滑板，先断开Ⅰ路、Ⅱ路输入空开 QF1、QF2，Ⅰ路直供闭合 QF3，Ⅱ路直供闭合 QF4。

⚠注意事项

不能同时闭合Ⅰ路和Ⅱ路直供空开。

2. 输入配电单元切换板 PDB 更换操作方法

操作方法1：

要点将系统停电，可以进行输入控制切换板 PDB 更换。

操作方法 2：

要点，先选择Ⅰ路电源直供或Ⅱ路电源直供，更换输入配电单元切换板 PDB。

⚠注意事项

天窗点内更换，更换完毕后要进行空载和带载切换试验。

3. 集中稳压柜故障处理操作方法

先将该故障稳压柜输出空开置于外电网直供状态，然后更换故障稳压柜或模块内部控制板，更换完毕后先闭合稳压柜输入空开，待工作正常后将输出空开恢复至稳压输出位置。

4. 电源模块故障处理操作方法

(1)交流电源模块：先关闭故障电源模块的输入空开，转换至备用模块工作，然后将故障模块取下进行更换。

(2)直流电源模块：先关闭故障电源模块的输入空开，然后将故障模块取下进行更换。

⚠注意事项

(1)交流电源模块更换后必须对主备模块进行切换试验，确保主备切换正常。

(2)直流电源模块更换后需在监控总机上检查并联冗余均流状况良好。

五、济南三鼎智能信号电源屏
（PXZG-Z、PKX1、PQX 系列）

（一）典型故障案例（5 例）

案例 1：交流接触器故障

故障现象

Ⅰ路电压异常，不能自动转换至Ⅱ路工作。

故障分析

Ⅰ路输入电压异常，Ⅱ路输入电压正常，交流接触器 KM2 不吸合。经检查，交流接触器 KM2 线圈电路开路故障。

故障处理

更换交流接触器 KM2。

⚠注意事项

更换后必须进行Ⅰ、Ⅱ路切换试验，确保切换良好。

案例 2：输入过欠压保护板（图 18）故障

故障现象

Ⅰ路、Ⅱ路输入电压正常，系统断电。

故障分析

Ⅰ路、Ⅱ路输入电压正常，交流接触器 KM1、KM2 均不吸合。分别测试交流接触器 KM1、KM2 良好，判断为输入过欠压保护板 PDB 故障。

故障处理

先将电源屏置于直供状态，临时恢复系统供电。然后更换输入过欠压保护板 PDB。

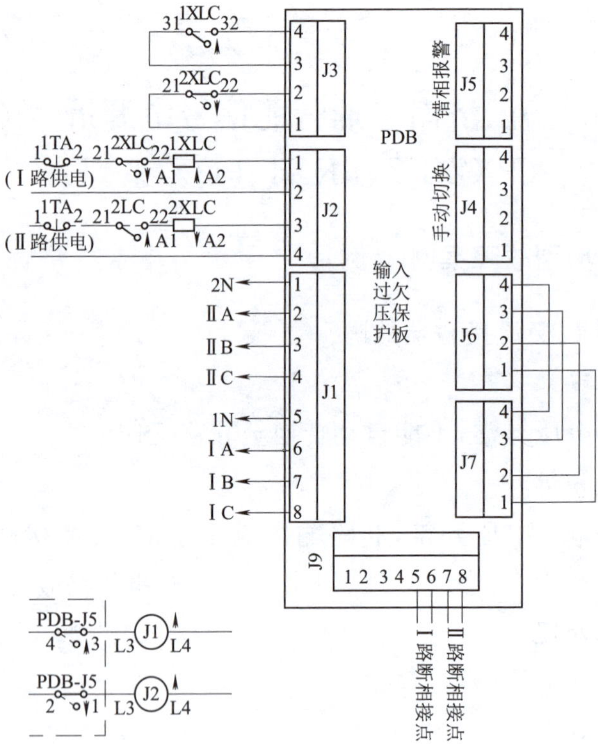

图 18　输入过欠压保护板 PDB

⚠ 注意事项

更换后必须进行Ⅰ、Ⅱ路切换试验，确保切换良好。

案例 3：交流稳压模块故障

故障现象

电源屏声光故障告警，监控单元显示交流稳压模块故障。

故障分析

通过检查发现：交流稳压模块 MWJD-220/3.5K 故障灯亮，自动内部旁路工作，重启后仍不能恢复正常。

故障处理

更换交流稳压模块 MWJD-220/3.5K。

⚠注意事项

先将输出空开至于直供供电位置，再关闭模块输入空开，更换稳压模块。

案例4：继电器电源模块故障

故障现象

电源屏声光故障告警，监控单元显示继电器模块1故障。

故障分析

通过检查发现：继电器模块1型号SZZ-24/50故障灯亮。

故障处理

更换继电器模块1。

⚠注意事项

先断开模块输入空开，再进行更换。

案例5：灯丝熔丝电源模块故障

故障现象

电源屏声光故障告警，监控单元显示灯丝熔丝模块1故障。

故障分析

通过检查发现：灯丝熔丝模块1型号SZZ-24-120/2*3故障灯亮。

故障处理

更换灯丝熔丝模块1。

⚠注意事项

模块更换前应先按照实际输出电压进行调整好。

(二)常见故障处理操作方法

1. 直供操作

将输入空开K1、K2断开，将直供空开K3或K4合上，此时电源屏Ⅰ路或Ⅱ路直供工作(图 19)。

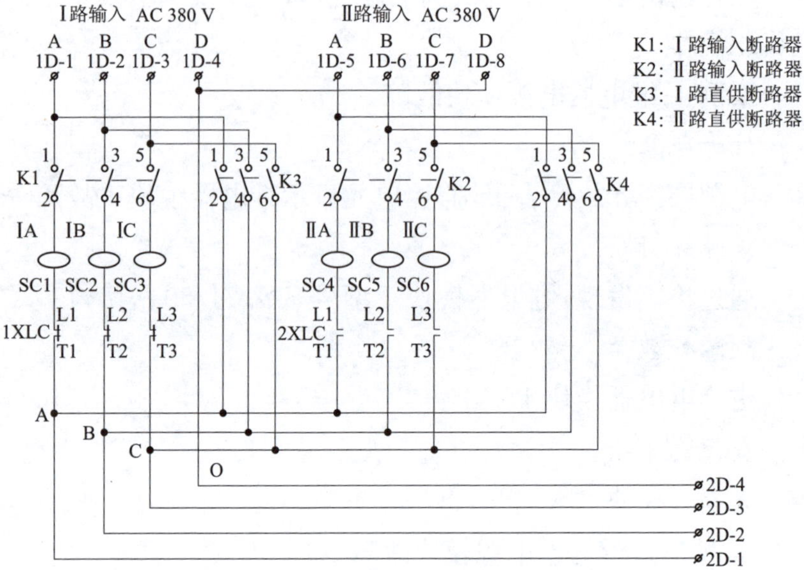

图 19　直供操作原理

⚠注意事项

不可拆卸滑板,严禁同时闭合 K3、K4 空开。

2. 稳压电源故障更换操作

稳压电源平时给集中 UPS 提供旁路电源,在 2 台集中 UPS 均故障无输出时,将稳压电源输出空开 WYPK 闭合,即可实现稳压电源供电,此时如果稳压电源也发生故障,应断开 WYPK,闭合直供空开 ZK,然后断开稳压电源输入空开进行更换。更换好后,应先闭合稳压电源输入空开,待稳压电源工作正常后,断开直供空开 ZK,闭合输出空开 WYPK,恢复稳压电源供电。集中 UPS 修复后,应断开输出空开 WYPK,恢复稳压电源给集中 UPS 旁路供电状态。

⚠注意事项

应按照处理程序开关机更换。

3. 交流稳压模块 MWJD-220/3.5K 故障更换操作

先将该故障模块输出空开 SK1 扳下置于外电网直供状态，然后关闭模块输入空开 K5，更换故障模块。更换完毕后先闭合稳压模块输入空开，待模块工作正常后将输出空开 SK1 扳上，恢复至稳压输出位置。

4. 灯丝熔丝电源模块 SZZ-24-120/2 * 3 故障更换操作

SZZ-24-120/2 * 3 电源模块故障，先测试工作正常的并联输出模块的各路输出实际电压，然后对计划更换的新模块屏外接入 AC 220 V 电源，将模块的各路输出电压调整一致，再按步骤进行更换。

六、西安汉唐力源智能信号电源屏（PZXG、PZX1 系列）

(一)典型故障案例(2 例)

案例 1:交流接触器故障

故障现象

系统停电，现场检查电源屏Ⅰ、Ⅱ路输入空开和电源防雷箱Ⅰ路输入空开均掉下，推上后故障消失。

故障分析

现场检查拆下交流接触器，打开后发现交流接触器接点拉弧发黑，接点多个接点触头有烧损现象。分析在外网电压波动，Ⅰ路电源转Ⅱ路电源时，拉弧产生大电流，将电源屏Ⅰ路输入空开和电源防雷箱Ⅰ、Ⅱ路输入空开冲掉。

故障处理

更换两台交流接触器，试验良好。

⚠注意事项

要点更换，更换后必须进行Ⅰ、Ⅱ路切换试验。

案例 2:交流稳压器故障（PZX1 型西安电务器材厂）

故障现象

室外信号机灯光闪动。

故障分析

经检查电源屏上交流稳压器 GRS-7.5 kVA 故障灯亮。由于稳压器故障不能稳压，导致信号点灯输出电压不稳定，信号机闪灯。在采取直供方法处理后，由于稳压器直供空开同时控制三台稳压器，Ⅰ路转Ⅱ路时将电源屏输入空开冲掉。

故障处理

由于无备用稳压器，应急将信号点灯电源输出线移至稳压空端子上临时恢复设备供电，待备用稳压器到位后要点更换交流稳压器。

⚠注意事项

输出移至稳压空端子应考虑负载容量。

(二)常见故障处理操作方法

1. 直供操作(图 20)

将输入空开 1QF、2QF 断开，选择Ⅰ路直供闭合空开 BQF1，选择Ⅱ路直供闭合空开 BQF2。

⚠注意事项

不可拆卸滑板，严禁同时闭合 BQF1、BQF2 空开。

2. 其他电源模块更换操作参考济南三鼎智能信号电源屏。

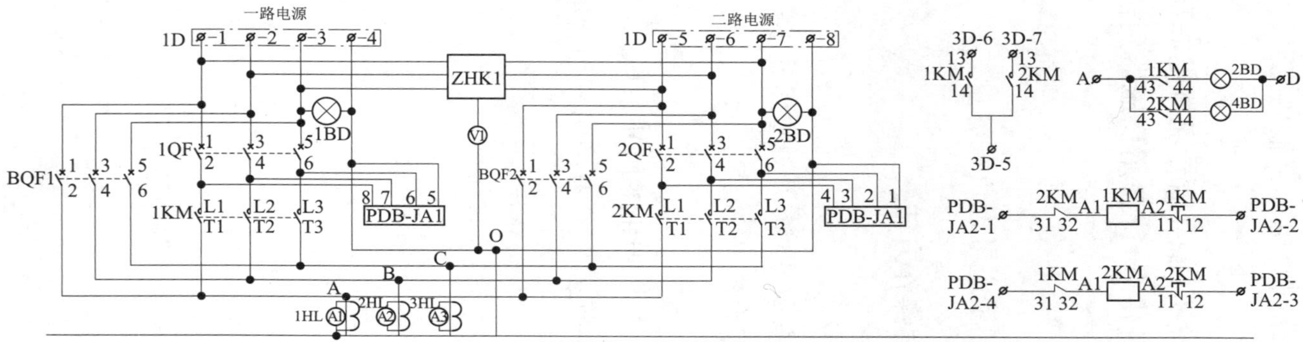

一路电源
二路电源
1D
ZHK1
1BD
2BD
1QF
2QF
BQF1
BQF2
1KM
2KM
PDB-JA1
3D-6 3D-7
3D-5
A
B
C
O
1HL
2HL
3HL
4BD
D
PDB-JA2-1
PDB-JA2-2
PDB-JA2-3
PDB-JA2-4

图 20　直供操作原理

七、天津铁路信号工厂智能信号电源屏（PWMG3 系列）

（一）典型故障案例（3 例）

案例 1：交流切换系统故障

故障现象

Ⅰ路电源停电，不能自动转换至Ⅱ路电源工作，系统停电。

故障分析

测量Ⅰ路、Ⅱ路供电输入正常，监测模块显示Ⅱ路缺相，相序保护器 XQ2 故障。经检查相序保护器 XQ2 工作灯灭灯，判断为相序保护器 XQ2 故障。

故障处理

先采取紧急直供（图 21）临时恢复设备供电，然后要点更换相序保护器 XQ2。

⚠注意事项

更换完毕后要进行相序检查，空载和带载切换试验。

案例 2：交流稳压器故障（老系统）

故障现象

电源屏声光告警。

故障分析

经检查电源屏上交流稳压器 MW-J220/23 故障灯亮，稳压器已转为内部自动旁路状态。在采取直供方法处理后，由于稳压器直供空开同时控制三台稳压器，Ⅰ路转Ⅱ路时将电源屏输入空开冲掉。

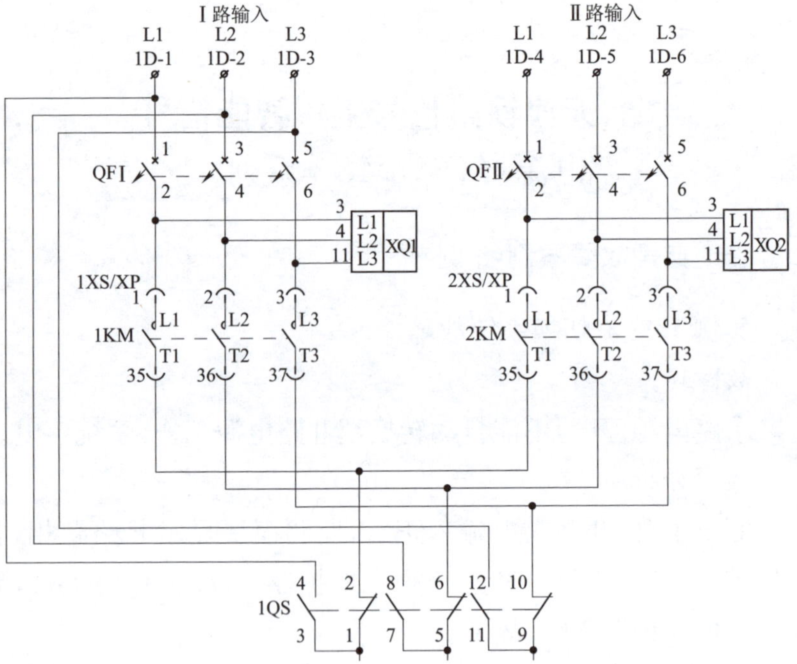

图 21　紧急直供原理

故障处理

更换同型号稳压器恢复正常。

⚠注意事项

要点先关闭所有输出负载再更换。

案例 3:提速屏电源屏内相序保护器故障

故障现象

交流转辙机输出电源断。

故障分析

查看提速屏输出断相保护器保护,正相序灯灭。

故障处理

更换断相保护器。

1. 更换输出断相保护器，查看 A、B、C 相序灯及正相序灯点亮情况。

2. 如果正相序灯灭，则将 A/B 或 B/C 相序调换直至正相序灯亮灯。

⚠注意事项

如果输出断相保护器损坏，可以在点内拆除Ⅰ路或Ⅱ路输入断相保护器，临时恢复。

（二）常见故障处理操作方法

1. 直供操作

将输入空开 QF1、QF2 断开，将电源屏背面直供旋钮 1QS 置于Ⅰ路或Ⅱ路直供位置。

⚠注意事项

直供旋钮 1QS 要一次性旋转到位，故障处理完毕恢复正常位。

2. 其他电源模块更换操作参考济南三鼎智能信号电源屏。

八、北京全路通信信号电源屏

（DS2000 系列）（7 例）

案例 1：正常状态与故障状态操作步骤

（1）正常状态操作步骤

操作前所有开关处于断开状态，每一步操作完毕状态正确，可进行下一步操作，见表 1。

表 1 DS2000 系列信号电源屏正常状态操作内容

步骤	操作、检查内容	电源屏状态	备　注
1	闭合 1K、2K，检查两路输入电源是否正常	1BD、2BD、1LD、2LD 有显示，电源投入工作，母线有电	1HK、2HK 置“工作”位
2	依次闭合 DC 24 V 直流电源模块 ZM1～ZM4 开关，检查直流母线电压是否正常	直流电源投入工作	直流模块正常工作指示灯亮
3	闭合 9K～18K	区间轨道、站内电码化电源、区间组合电源输出指示灯亮	
4	闭合 XM1、XM2（交流稳压电源）开关和 4K 开关	模块仪表显示正常，指示灯亮	XM2 为 1+1 备用
5	闭合 19K～22K 和区间信号点灯开关 BK1～BK30	区间轨道输出正常，相应指示灯亮	
6	闭合 FM1、FM2（方向电路电源）开关和 5K、6K 开关	模块仪表显示正常，相应指示灯亮	FM2 为 1+1 备用
7	闭合 LM1、LM2（闭塞电源）开关和 7K、8K 开关	模块仪表显示正常，相应指示灯亮	LM2 为并联均流

续上表

步骤	操作、检查内容	电源屏状态	备　注
8	闭合UPS电源、监测主机开关,监控单元投入工作	正常	状态保持
9	闭合3K,不稳压电源输出	正常	状态保持
10	闭合23K,稳压电源输出	正常	状态保持
11	闭合24K,报警电路接入	正常	状态保持

(2)故障状态操作步骤(见表2)

表2　DS2000系列区间电源屏故障状态显示内容

类　型	电源屏状态	操作须知
直流电源模块故障(以ZM1为例)	监测系统报警,故障指示灯亮	将故障模块拔出,再将备用模块插入,联系厂家维修
交流电源模块故障(以XM1为例)	模块(XM1)故障指示灯亮,1+1备用模块(XM2)自动投入,屏上红灯亮,监测系统报警	检查是否为瞬时故障:若"是"则重新闭合相应开关;若"否"则拔出模块,插入备用模块,联系厂家维修
防雷单元失效	防雷单元显示窗掉牌	及时更换
监测分机故障	电源屏供电正常	可在线更换
监测主机故障	电源屏供电正常	可在线更换

案例2:故障定位

故障现象

电源屏蜂鸣器鸣响,故障指示灯(红)点亮,监测主机发出故障显示。

处理方法

检查监测主机,按下"故障键"进入故障界面,进行故障定位,针对不同类型故障采取相应措施。

案例3:一路或二路输入电源断相或中断

故障现象

机柜面板对应指示灯熄灭,监测主机显示:“电源故障”及“电源电压0.0 V”。

处理方法

检查外电网输入电源是否正常,若异常可联系供电部门解决问题;检查对应一路或二路电源断路器是否处于合闸状态,若断开则闭合该断路器即可。

案例4:输出故障

故障现象

某个回路或多个回路输出中断,机柜面板相应指示灯熄灭,监测主机显示:“××回路故障”或“××电源电压:0.0 V”。

处理方法

检查对应输出断路器是否处于合闸状态。若开关跳闸,应检查外线是否有短路或过载等异常情况,消除异常情况或检查完毕后手动闭合对应断路器即可,若仍无输出,则模块故障。

案例5:模块故障

故障现象

模块面板正常灯(绿)熄灭,故障灯(红)点亮,监测主机显示:“××模块故障”。

处理方法

若是主模块故障,冗余备用模块将自动投入,保障输出正常供电;应及时将故障模块型号及位置等情况通知生产厂家处理或发送新模块到现场。

案例6:交流接触器故障或检修

处理方法

将电源屏转入“接触器检修状态”,具体步骤如下:

1. 正常工作时：1HK（面板表示：Ⅰ路接触器）、2HK（面板表示：Ⅱ路接触器）均处于“工作”位置；屏内Ⅰ路电源输入开关1K、Ⅱ路电源输入开关2K均处于合闸状态，1LC、2LC吸起，3LC、4LC处于落下状态。

2. 检修1LC时：首先将Ⅰ路电源输入开关1K断开（系统变成由Ⅱ路电源单独供电），再将面板“Ⅰ路接触器”检修开关（2HK）置“检修”位，再将1LC拔下，更换事先准备好的同型号的接触器，插好确认后，将“Ⅰ路接触器”检修开关（2HK）置“工作”位，闭合Ⅰ路输入开关1K，操作完毕。

3. 检修2LC时：首先将Ⅱ路电源输入开关2K断开（系统变成由Ⅰ路电源单独供电），再将面板“Ⅱ路接触器”检修开关（1HK）置“检修”位，再将2LC拔下，更换事先准备好的同型号的接触器，插好确认后，将“Ⅱ路接触器”检修开关（1HK）置“工作”位，闭合Ⅱ路输入开关2K，操作完毕。

检修3LC、4LC时，只需确认两路电源工作正常，即可将相应检修接触器拔下，更换即可。

⚠注意事项

以上所有操作均应征得车站值班员的同意，给点后才能进行。

案例7：监测主机故障

故障现象

系统供电正常，显示器黑屏、通信中断或误报警等。

处理方法

可将监测主机重新启动（即关掉再闭合位于主机背后的电源开关），若仍然无法恢复，及时通知厂家处理。

九、北京铁信通智能信号电源屏
（PNXG、PNX2 系列）

（一）PNXG 型智能信号电源屏（5 例）

故障应急处理程序：

1. 首先确定故障部位，根据电源屏的报警显示，查看模块故障灯，查找监测模块故障信息，查看各模块上的断路器有无落下情况。

2. 确定故障部位后，查找产品使用说明书，对照说明书测量电源屏输出端子是否还有电压，判断电源屏的故障是否影响后面设备的正常工作。

PNXG 型电源屏故障分为两种类型：

1. 供电回路故障，造成某一回路没有输出。此种故障应立即处理，恢复电源屏供电。

2. 监测系统故障，包括模块无显示、监测模块报输入输出超限、模块亮故障灯等。此种故障不影响供电，可以在有备用器材时立即排除。当现场没有备用器材时，可以等备用器材送到现场后再排除。

3. 更换故障部分的器材，恢复电源屏正常工作。

案例 1：发生影响供电等重大故障

应急处理

两个转换模块同时故障，不能正常供电时：

1. 断开电源屏上的两路输入断路器，将两个模块全部拔出。

2. 用前面板的应急供电电路供电，按如下方法操作：

(1)如果用Ⅰ路电源旁路供电，将隔离开关 QSA 向上闭合；如果用Ⅱ路电源旁路供电，将隔离开关 QSA 向下闭合(此操作必须在断路器 SYQF 断开的状态下进行)。

(2)将隔离开关 QSB 向下闭合(此操作必须在断路器 SYQF 断开的状态下进行)。

(3)将断路器 SYQF 向上闭合。

3. 完成操作后，电源屏恢复紧急供电。

⚠注意事项

只有在两个转换模块均发生故障，电源屏不能正常供电时，才能采用应急供电电路进行供电，应急供电的操作要严格按照上述程序进行。

案例 2:交流稳压模块故障

PNXG 型电源屏中，MXJW 型稳压电源模块采用双插接设计。稳压电源模块上的交流稳压控制单元也设计成插接式结构。交流控制单元上有正常工作指示灯和旁路工作指示灯，发生故障时，模块上的故障灯和稳压单元上的旁路灯会同时点亮。

应急处理

首先将交流稳压电源模块后面的反拼隔离开关向下闭合，将负载切换到旁路输出，再断开电源屏上交流稳压电源模块的输入断路器。将交流稳压控制单元直接拔下，更换新的交流稳压控制单元后，将交流稳压电源模块的输入断路器闭合，将后面的反拼隔离开关向上闭合，完成故障处理。

案例 3:AC 220 V 交流模块故障

应急处理

AC 220 V 交流模块采用 $N+1$ 备用方式。故障后，找到对应的反拼隔离开关，向下闭合，将本模块的负载切换到内部备用模块，断开故障模块的断路器，拔出模块，更换新模块。闭合新模块上的断路器，把后面对应的隔离开关向上闭合，将负载切回，完成故障处理。

⚠注意事项

内部备用电源用作多路交流回路的备用输出，所以电源屏正常工作时，应使用各自回路的交流稳压电源供电，避免将两路以上的交流回路同时接到备用电路。

案例 4：DC 220 V 及 DC 24 V、DC 24～60 V 模块故障

应急处理

这三类模块采用 1+1 并联输出供电方式，当其中一个模块故障报警后，直接断开它的输入输出断路器，拔出更换新模块，再闭合新模块输入输出断路器，完成故障处理。

⚠注意事项

由于 DC 24 V 模块采用的是开关电源模块，为避免开机冲击，开关电源模块设置了开机慢启动，输出电压从开机到输出正常有一定的时间过程。如果在新投入工作的模块输出电压未达到正常工作电压时闭合其输出断路器，由于并联工作的关系，整个回路输出电压将被拉低，可能导致后面的负载不能正常工作。所以，一定要等到新更换的模块输出电压正常后，再闭合其输出断路器。

案例 5：输出回路无电流

应急处理

当某一束输出回路无电压电流时，要首先检查模块显示状况。如果显示正常，接着检查输出断路器是否跳闸，然后先将断路器断开，再小心地闭合，测量有无输出。

⚠注意事项

电源屏从上到下分为三个整体单元，上面是输入配电单元，

中间是各种模块，下面是输出断路器、主备用转换隔离开关和防雷单元。输入配电单元中的断路器和模块对应，一个输入断路器对应一个模块。输出断路器和输出回路对应，每个输出回路对应一个输出断路器。隔离开关和电源屏中的交流模块对应，每个隔离开关对应一个交流模块。

(二)PNX2 型智能信号电源屏(4 例)

案例 1:发生影响供电、设备烧毁等重大故障

两个转换模块同时故障，不能正常供电时：

1. 断开转换模块上的输入断路器，将两个模块全部拔出。

2. 用电源屏后面的应急供电电路供电，按如下方法操作：

(1)如果用Ⅰ路电源旁路供电，将隔离开关 QSA 向上闭合；如果用Ⅱ路电源旁路供电，将隔离开关 QSA 向下闭合(此操作必须在断路器 1QF 断开的状态下进行)。

(2)将隔离开关 QSB 向下闭合(此操作必须在断路器 1QF 断开的状态下进行)。

(3)将断路器 1QF 向上闭合，完成操作后，电源屏恢复紧急供电。

⚠注意事项

只有在两个转换模块均发生故障，电源屏不能正常供电时，才能采用应急供电电路进行供电，应急供电的操作要严格按照上述程序进行。

案例 2:交流稳压模块故障

PNX2 型电源屏中，由一个 MJS-220/35 型交流电源稳压模块和一个 MK-220/35 型交流电源控制模块组成一套完整的稳压系统。

1. 当 MK-220/35 型交流电源控制模块发生故障时，面板上

故障灯点亮。此时进行如下操作:首先将配合使用的交流电源稳压模块后面的反拼隔离开关向下闭合,将负载切换到旁路输出;再断开交流电源稳压模块上的断路器,将交流电源控制模块直接拔下;更换新的交流电源控制模块后,将交流电源稳压模块上的断路器闭合,将后面的反拼隔离开关向上闭合,完成故障处理。

2. 当 MJS-220/35 型交流电源稳压模块故障时,直接将后面的反拼隔离开关向下闭合,将负载切换到旁路输出。再断开交流电源稳压模块上的断路器,更换模块。然后将交流电源稳压模块上的断路器闭合,将后面的反拼隔离开关向上闭合,完成故障处理。

案例 3:其他交流模块故障

应急处理

AC 220 V 交流模块采用 $N+1$ 备用方式。故障后,找到对应的反拼隔离开关,向下闭合,将本模块的负载切换到内部备用模块,断开故障模块的断路器,拔出模块,更换新模块。闭合新模块上的断路器,把后面对应的隔离开关向上闭合,将负载切回,完成故障处理。

⚠注意事项

因为内部备用电源用作多路交流回路的备用输出,所以电源屏正常工作时,应使用各自回路的交流稳压电源供电,避免将两路以上的交流回路同时接到备用电路。

案例 4:DC 220 V 及 DC 24 V、DC 24～60 V 模块故障

应急处理

这三类模块采用 1+1 并联输出供电方式,当其中一个模块故障报警后,直接断开它的输入输出断路器,拔出模块,更换新模块,再闭合新模块输入输出断路器,完成故障处理。

⚠注意事项

由于 DC 24 V 模块采用的是开关电源模块，为避免开机冲击，开关电源模块设置了开机慢启动，输出电压从开机到输出正常有一定的时间过程。如果在新投入工作的模块输出电压未达到正常工作电压时闭合其输出断路器，由于并联工作的关系，整个回路输出电压将被拉低，可能导致后面的负载不能正常工作。所以，一定要等到新更换的模块输出电压正常后，再闭合其输出断路器。

十、UPS 设备（艾默生、APC2000 系列）

(一)典型故障案例（3 例）

案例 1：集中 UPS（图 22）停电故障

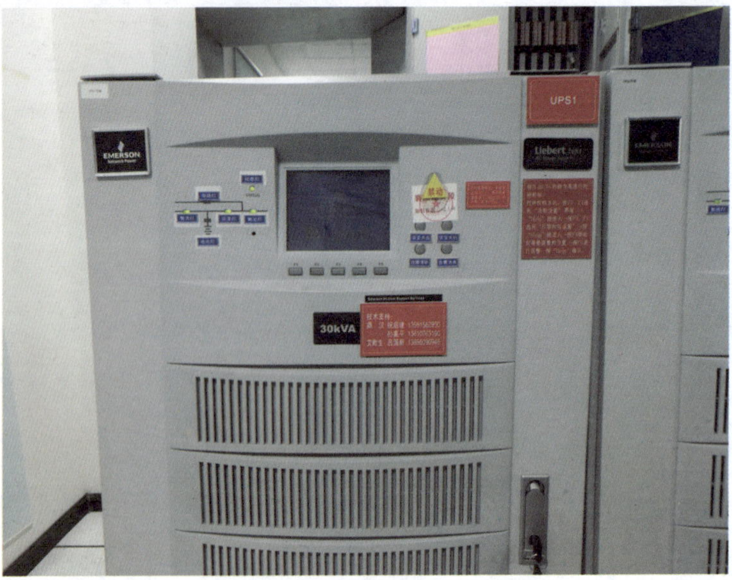

图 22　集中 UPS

故障现象

两台集中 UPS 均停机。

故障分析

测量Ⅰ路、Ⅱ路供电输入正常，两台集中 UPS 均停机，电源屏上电源模块均无电不工作。经调查分析，故障时两台集中 UPS 告警显示“旁路超跟踪”，值班人员错误按压两台集中 UPS 紧急停机按钮 EPO，造成两台集中 UPS 均停机，电源屏上电源模块均无电不工作。

故障处理

集中 UPS 输入旁路电压振幅超出正常范围时(振幅设定值固定为正常值的±10%),会告警“旁路超跟踪”。此时应检查外电网旁路输入电压是否正常。旁路输入电压正常时,此告警自动恢复。错误按压 EPO 紧急停机按钮后,应按照故障处理程序,先将负载断开,再将两台集中 UPS 逆变开机,电源模块开机,模块工作正常后再将后续负载按程序分别开机恢复正常。

⚠注意事项

严禁按压集中 UPS 紧急停机按钮 EPO。

案例 2:UPS 整流器故障告警

故障现象

区间闪红光带,设备瞬间掉电。

故障分析

外电电压波动造成中继站两台集中 UPS 电源整流器故障告警,自动切换至旁路工作状态。期间,外电网两路电源瞬间断电,造成区间设备瞬间掉电。

故障处理

按照故障处理程序,先将负载断开,再将两台集中 UPS 逆变开机,电源模块开机,模块工作正常后再将后续负载按程序分别开机恢复正常。

⚠注意事项

按照程序分别开机。

案例 3:UPS(APC2000)工作不正常

故障现象

外电网停电时 UPS(APC2000)断电,设备停机。

故障分析

故障时由于 UPS 处于旁路工作状态,外电网停电后,电源屏输出断电，UPS(APC2000)输入断电后输出也断电，负载设备停机。

故障处理

按照故障处理程序，先将负载设备关机，再按压 UPS(APC2000)开机按钮，使 UPS 开机处于稳压输出工作状态，然后将负载设备按程序开机。

⚠注意事项

日常巡视应注意检查 UPS 是否处于稳压输出工作状态。

(二)集中 UPS 开关机处理操作方法

1. 关机操作方法

(1)按住 UPS1 面板(图 23)逆变关机按钮(INVERTER OFF)按键 3～5 s，面板上逆变指示灯熄灭，UPS1 逆变关机。再按同样方法将 UPS2 逆变关机。两台 UPS 逆变关机后，自动转入静态旁路供电方式。

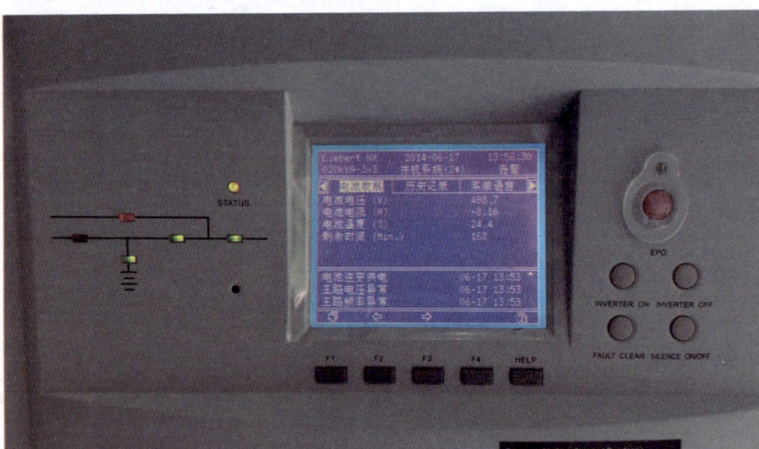

图 23　集中 UPS 操作面板

(2)断开 UPS1 和 UPS2 电池输入控制空开。

(3)断开 UPS1 和 UPS2 的主路和旁路输入控制空开。

2. 开机操作方法

(1)先闭合 UPS1 和 UPS2 旁路输入控制空开，再闭合 UPS1 和 UPS2 主路输入控制空开。

(2)按住 UPS1 面板逆变启动按钮 I(NVERTER ON)按键 3～5 s，面板上逆变指示灯停止闪烁，UPS1 正常启动。再按同样方法将 UPS2 开机。

(3)闭合 UPS1 和 UPS2 电池控制空开。

3. 按下 EPO(紧急关机)的开机操作：

(1)按下 FAULT CLEAR(故障清除)按钮。

(2)按压 UPS 的逆变压工作键(INVERTER/ON)5～10 s，待逆变器灯闪烁，10 s 后 UPS 工作正常，状态灯(STATUS)亮稳定绿灯。

十一、智能电源屏监控单元时钟校核方法

(一)北京鼎汉电源屏 DPSM-C2 型时钟校核方法

1. 按“菜单”键进入电源屏监测单元主界面(图 24)。

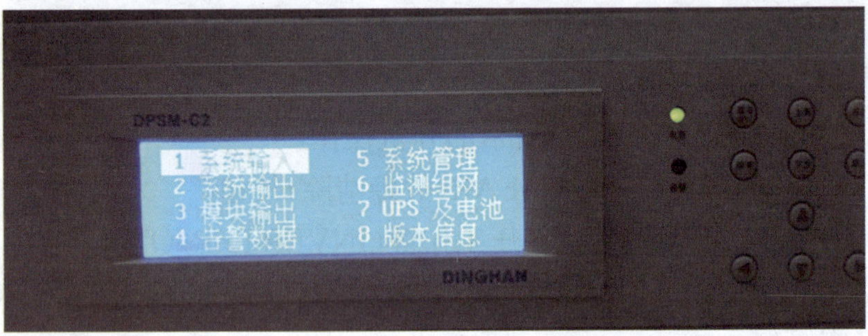

图 24　监测单元主界面

2. 按数字“5”键进入“系统管理”(图 25)。

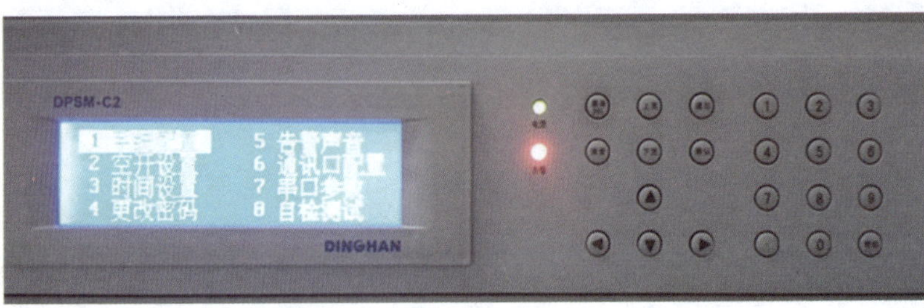

图 25　“系统管理”界面

3. 按数字“3”键进入时间设置后，会弹出“请输入密码”提示(图 26)，按数字键输入四位密码 8888 或 6402(图 27)，进入时间修改界面(图 28)。

图 26　密码输入提示界面

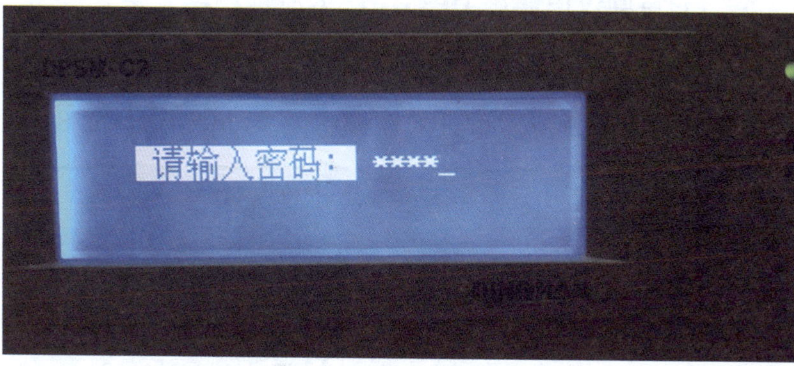

图 27　密码输入界面

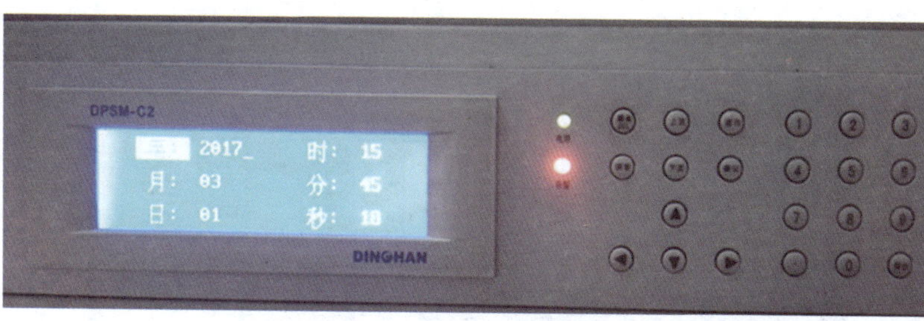

图 28　时间修改界面

4. 按"↑、↓、←、→"键选择需要修改的时间项，按"菜单"键移动修改时间数值的光标，按数字键输入正确的时间数值即可，重新设定好正确时间后(图 29)，按"确认"键即可完成时间修改。

图 29　时间设定界面

(二)北京鼎汉电源屏 DPSM-D2 型时钟校核方法

1. 北京鼎汉电源屏 DPSM-D2 型监测单元(图 30)为触摸式面板,点击面板任意位置可进入监测单元主功能界面(图 31)。

图 30　北京鼎汉电源屏 DPSM-D2 型监测单元

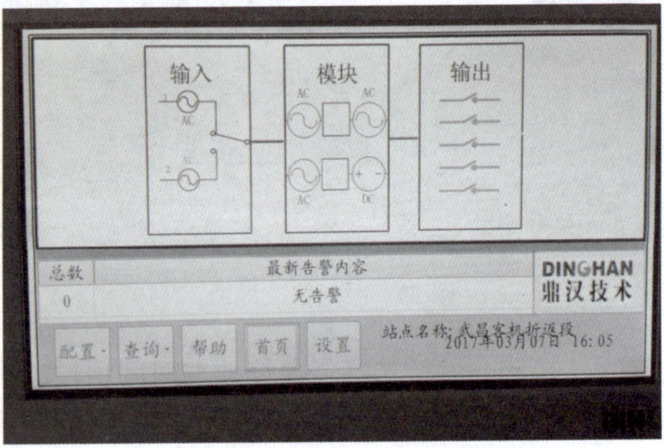

图 31　监测单元主功能界面

2. 点击“设置”进入设置界面，点击“日期与时间设置”，弹出“用户名、密码”窗口，用户名为默认 user，密码为 6402 或 8888，输入密码进入“日期与时间设置”界面(图 32)。

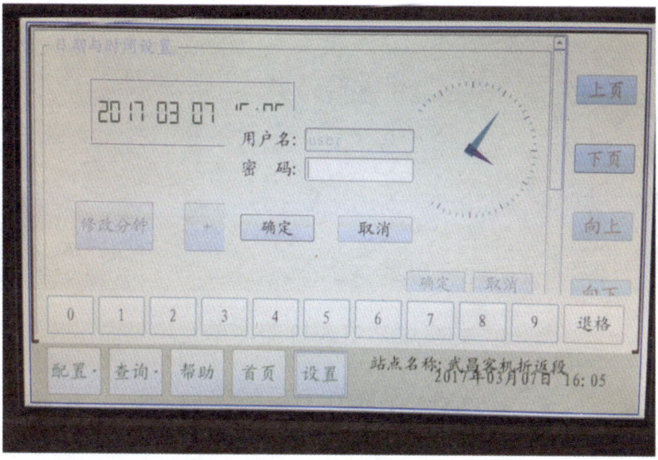

图 32 “密码输入”界面

3. 点击“修改分钟”可切换至“修改年、月、日、时”，点击“+”增大时间值，点击“-”减小时间值，设定正确的时间值后，点击“确定”即可完成时间设定(图 33)。

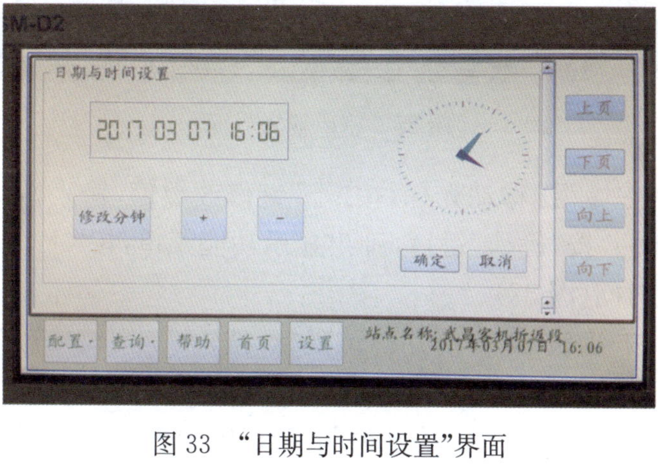

图 33 “日期与时间设置”界面

(三)北京康达电源屏时钟校核方法

1. 按“确认”键进入电源屏监测单元主界面(图 34)。

图 34　北京康达电源屏监测单元主界面

2. 按“↑、↓”键选择“系统维护”菜单后，弹出“请输入密码”窗口(图 35)。

图 35　密码输入界面

3. 按“↓”键移动光标，按“↑”键修改数值，输入密码 1000 后(图 36)，按“确认”键后，弹出显示功能菜单，按“↑、↓”键选择设置时间(图 37)。

4. 按“确认”键移动并确认光标，按“↑、↓”键修改正确的年、月、日及时间，修改后的时间会立即替代原有时间，按“退出”键返回上一级菜单即可完成时间修改(图 38)。

图 36　密码输入

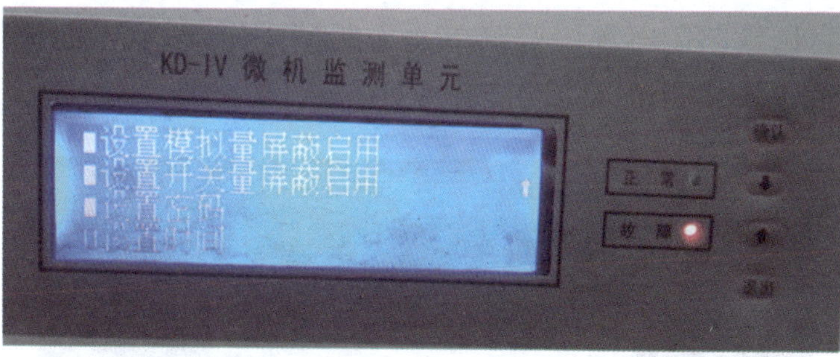

图 37　功能菜单界面

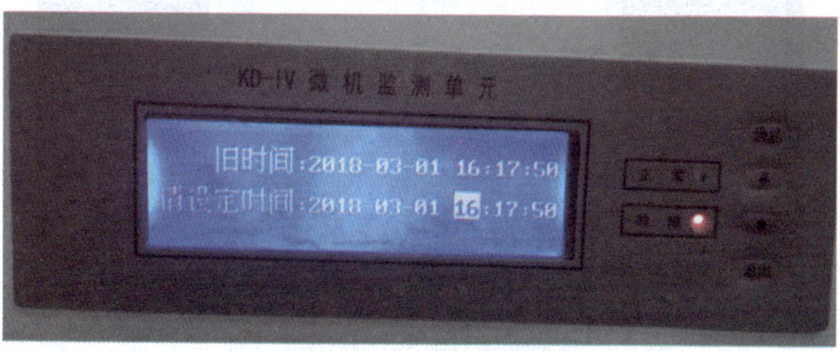

图 38　时间修改界面

备注:按键说明

1. 按“确认”键进入电源屏监测单元主页面。
2. 按“↑、↓”键选择“系统维护”菜单。

按键说明:共有四个按键,分别是:确认、退出、↑、↓。

确认:确定已选项或在设置数据中移动光标。

退出:退出当前操作,返回上一级画面。

↓:向下移动光标或在设置数据中修改数值变小。

↑:向上移动光标或在设置数据中修改数值变大。

□表示当前的光标位置。

(四)国铁路阳电源屏时钟校核方法

1. 国铁路阳电源屏监测单元为触摸式面板,点击面板任意位置可进入监测单元主功能界面(图 39)。

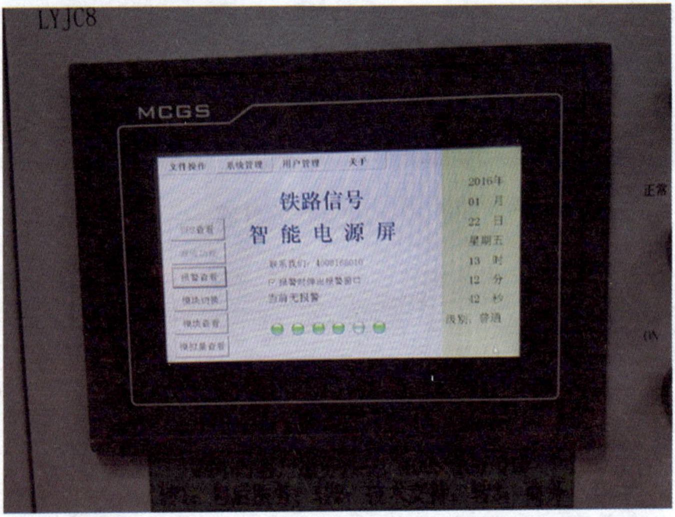

图 39　国铁路阳电源屏监测单元主功能界面

2. 点击"系统管理"进入设置界面(图 40)。

3. 点击"时间设置"进入"时间设定"界面,点击所需要修改的时间数值(如需修改 13 时,则点击数值 13),点击"↑"增大时间值,点击"↓"减小时间值,设定正确的时间值后,点击"确认"

即可完成时间设定。

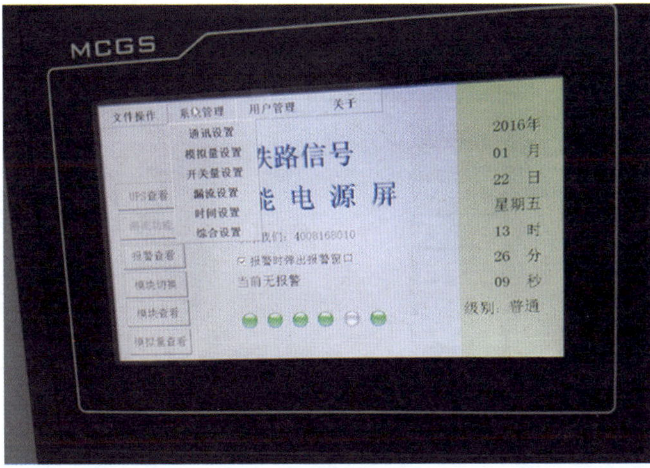

图 40 “系统管理”界面

(五)国铁路阳电源屏(既有线)时钟校核方法

1. 国铁路阳电源屏监测单元为触摸式面板,点击面板任意位置可进入监测单元主界面(图 41)。

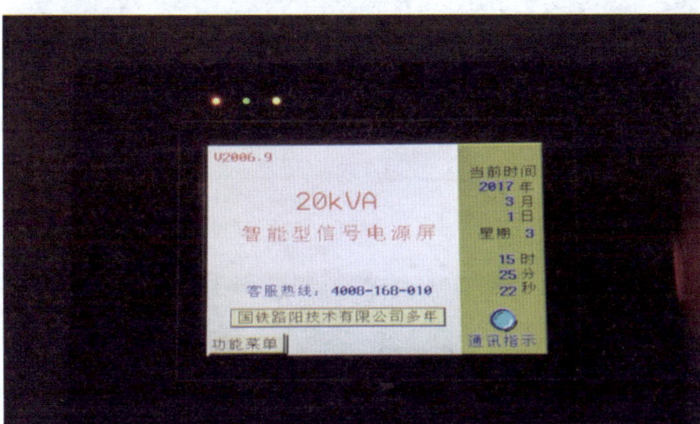

图 41 国铁路阳电源屏(既有线)监测单元主界面

2.点击“功能菜单”进入设置及查看界面(图 42)。

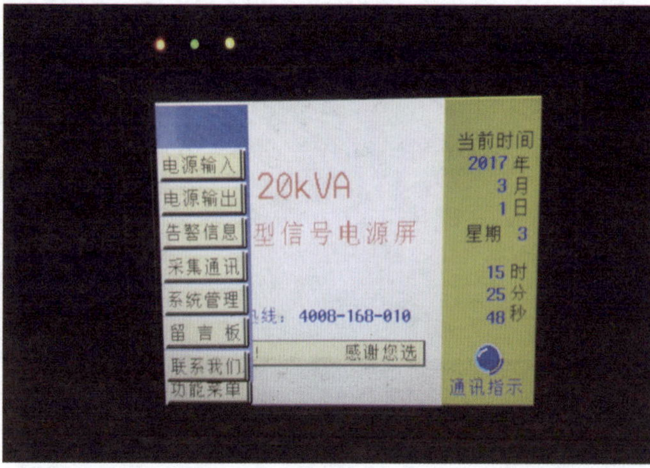

图 42 “功能菜单”界面

3.点击“系统管理”后,弹出“进入系统设置请点击××××输入密码”对话框(图 43)。

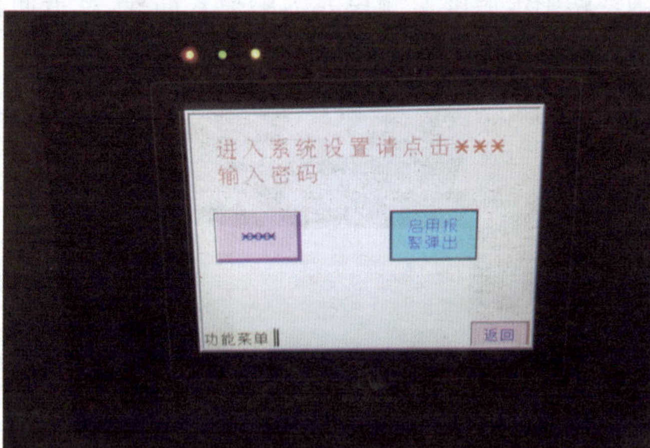

图 43 密码输入提示界面

4. 点击"××××"弹出数字键等输入框，按数字键输入四位密码 8765 后，按"确认"键(图 44)，进入时间设置页面(图 45)。

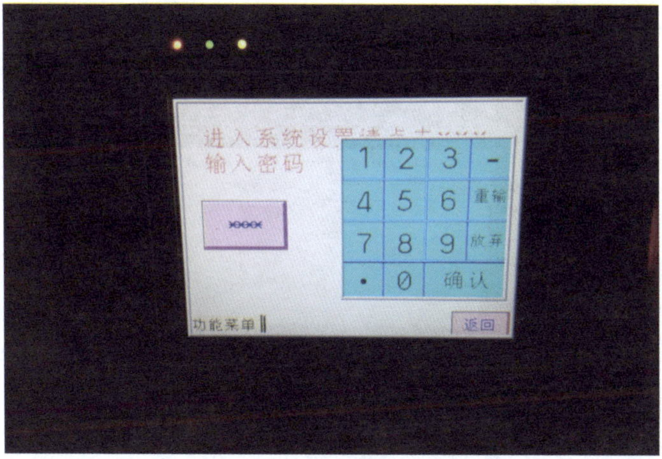

图 44　密码输入界面

图 45　时间设置界面

5. 点击"时间设置"，弹出"请点击更改项"对话框(图 46)，点击相应的时间项目的数值均会弹出数字键等输入框，输入正确的时间项目数值后，点击"确认"键即可完成时间修改。如修改时间中的“时”，则点击“设置时”中的数值 15，即会弹出数字键等输入框，输入正确的时间项目数值后，点击“确认”键即可完成时间修改(图 47)。

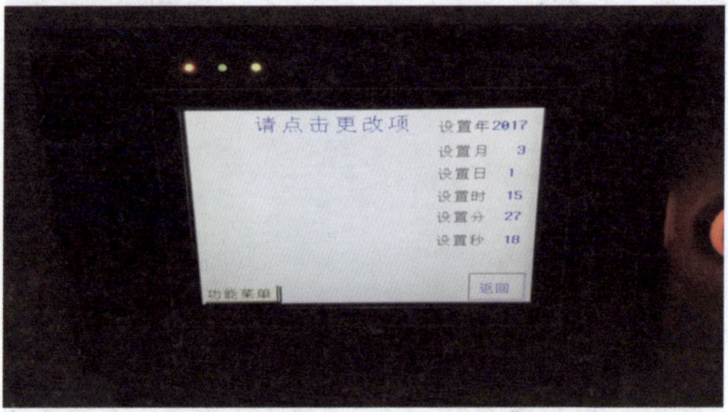

图 46 “请点击更改项”对话框

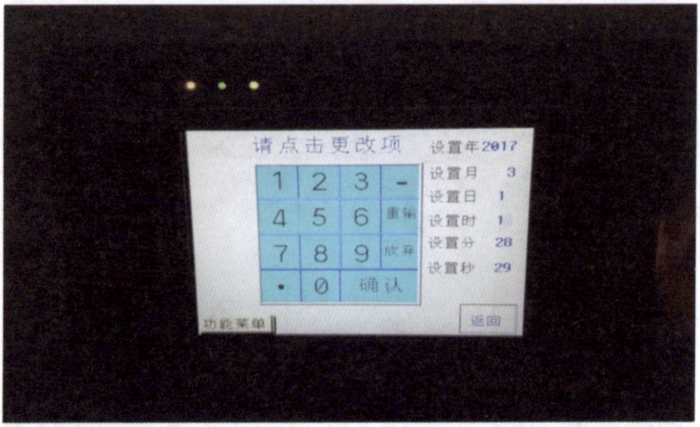

图 47 时间输入界面

(六)济南三鼎电源屏时钟校核方法

1. 济南三鼎电源屏监测单元为触摸式面板，点击面板任意位置可进入监测单元主界面(图 48)。

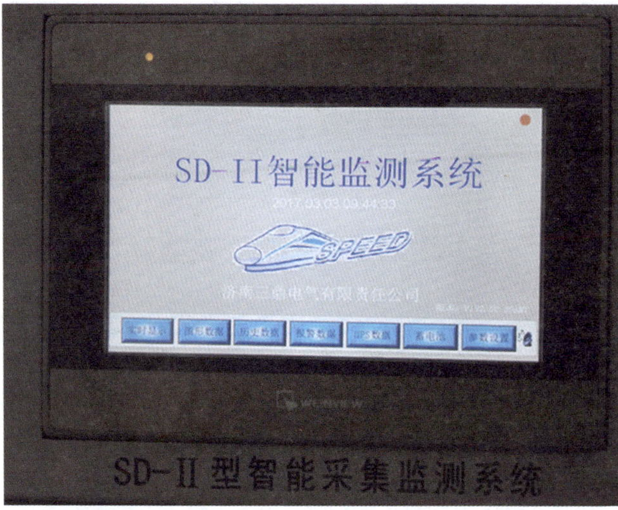

图 48　济南三鼎电源屏监测单元主界面

2. 点击“参数设置”，弹出“参数设置”对话框(图 49)。

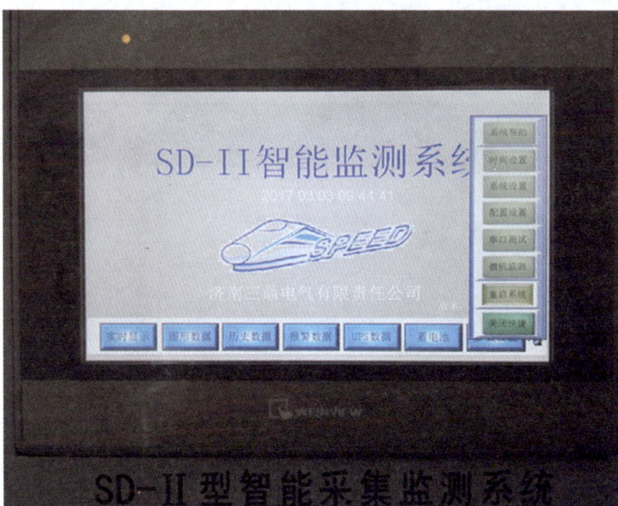

图 49　“参数设置”对话框

3. 点击“时间设置”(图 49)，进入“日期、时间设置”界面(图 50)。

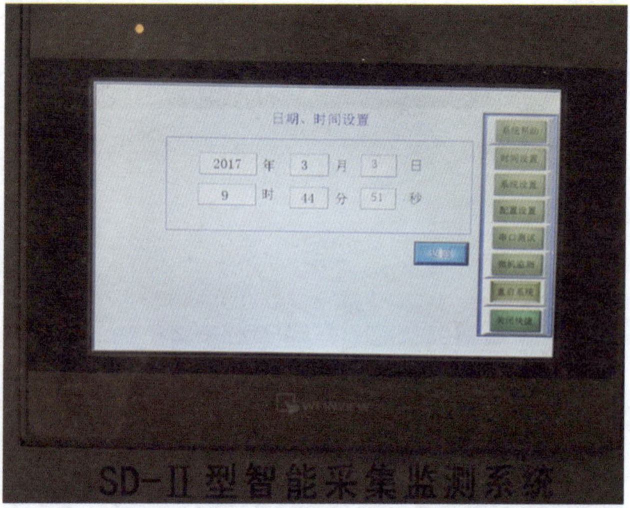

图 50 “日期、时间设置”界面

4. 点击修改的时间项目的数值均会弹出数字键等输入框(图 51),输入正确的时间项目数值后(图 52),点击“确认”键即可完成时间修改(图 53)。

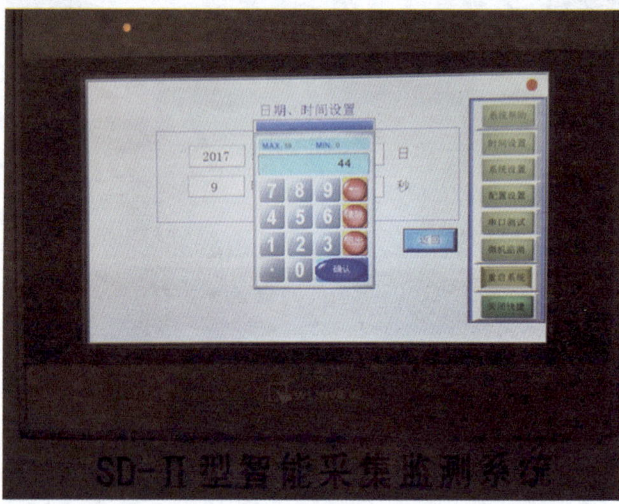

图 51 数字输入框

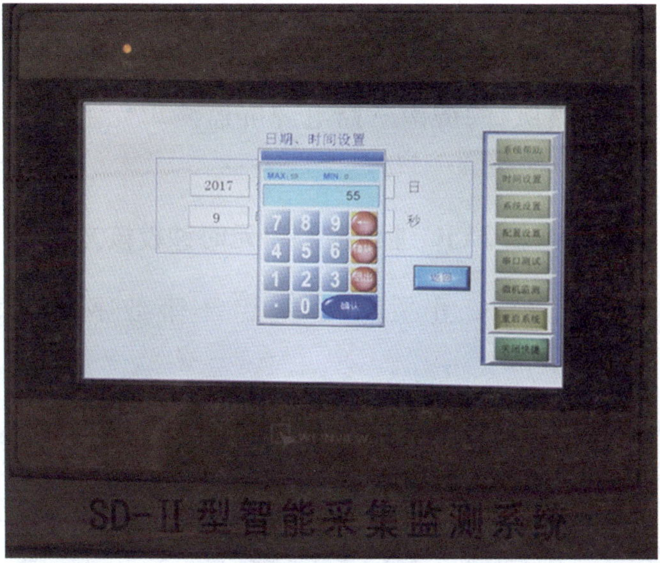

图 52　日期、时间输入

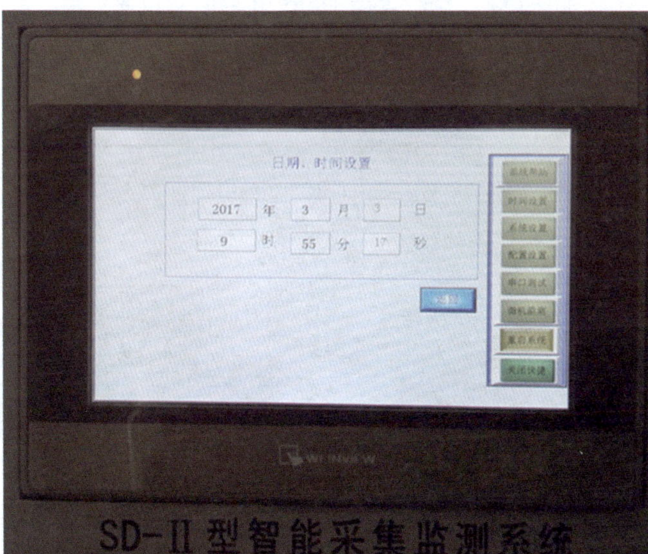

图 53　日期、时间输入完成界面

备注:以上图例为武九高铁(武九高铁中继 1、2、白沙、枫林、阳新客场)济南三鼎电源屏,京广北线(孝感、三汉埠、祝家湾、林家湾线路所)的济南三鼎电源屏监测单元主界面与其类似,时钟校核方法步骤一致。

(七)津宇嘉信 JYJC Ⅱ型监测单元时钟校核方法

津宇嘉信 JYJC Ⅱ型监测单元(不带数字键)如图 54 所示。

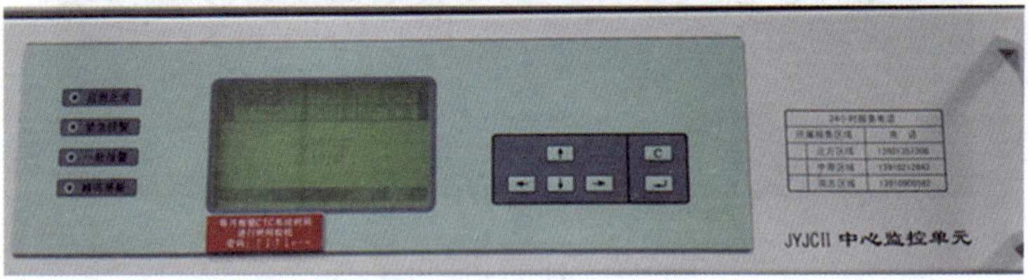

图 54　津宇嘉信 JYJC Ⅱ型监测单元

1. 按"↵"键进入电源屏监测单元主界面(图 55)。

图 55　监测单元主界面

2. 按"↑、↓、←、→"键选择用户操作(图 56)。

3. 按"↑、↓、←、→"键输入密码"↑↓↑↓←→"(图 57),

进入“用户操作界面”。

图 56　选择用户操作

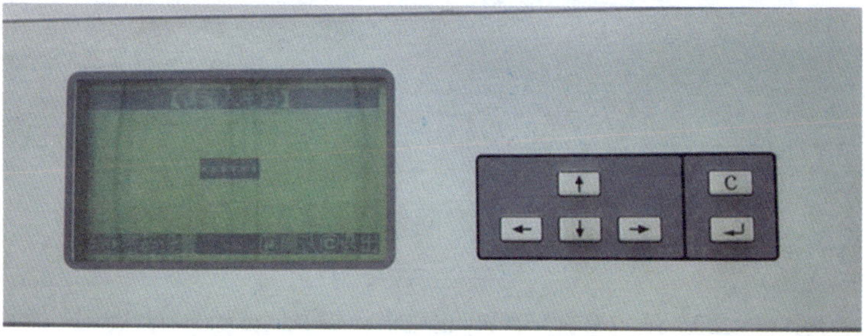

图 57　密码输入界面

备注：对于输入过密码的津宇嘉信 JYJC Ⅱ型监测单元，不会弹出“请输入密码”，可以跳过此步骤。对于未输入过密码，或输入过密码因其他原因造成电源屏监测单元断电重启后，需要重新输入密码，密码为“↑↓↑↓←→”，输入密码后，即可进入“用户操作”界面。

4. 按“↑、↓、←、→”键选择系统时间设定(图 58)。

5. 按“←、→”键移动光标并选择时间项目，按“↑、↓”键修改时间项目，其中“↑”键为增大，“↓”键为减小，修改完正确时间后，按确认键“↵”即可完成时间修改(图 59)。

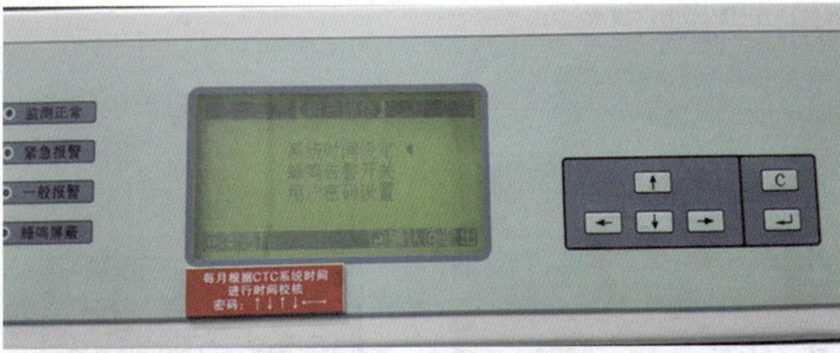

图 58　用户操作界面

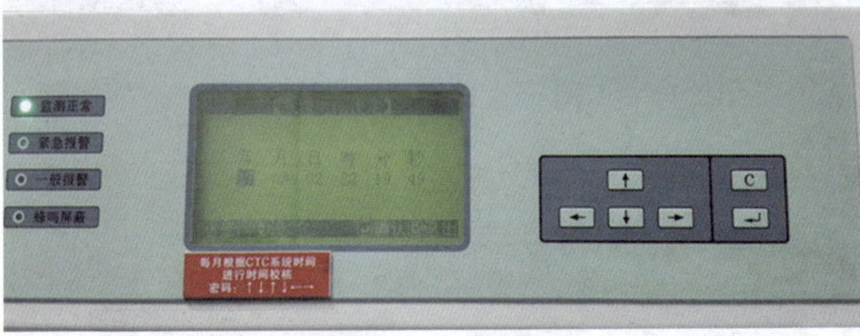

图 59　时间修改界面

(八)津宇嘉信 JYJC Ⅲ型监测单元时钟校核方法

津宇嘉信 JYJC Ⅲ型监测单元如图 60 所示。

图 60　津宇嘉信 JYJC Ⅲ型监测单元

1. 按任意键进入电源屏监测单元主界面(图 61)。

2. 按“↑、↓、←、→”键选择系统设置,按“↵”进入系统设置(图 62)。

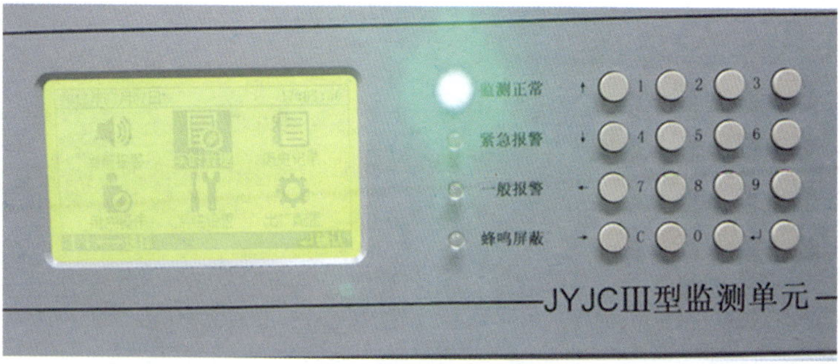

图 61　监测单元主界面

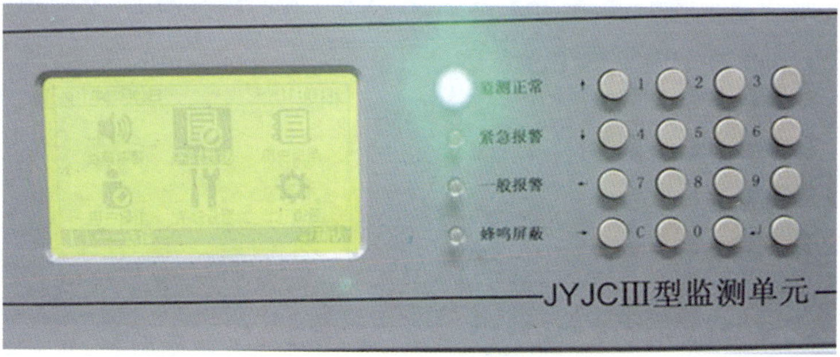

图 62　系统设置选择

3. 按“↑、↓、←、→”键选择“用户密码查询”(图 63),弹出“请输入初始密码”对话框(图 64),按数字键输入初始密码 123456,按“↵”键查询本机用户密码(图 65)。

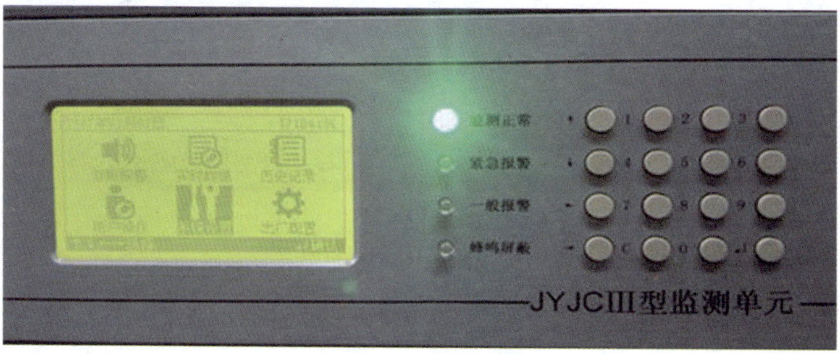

图 63　系统设置界面

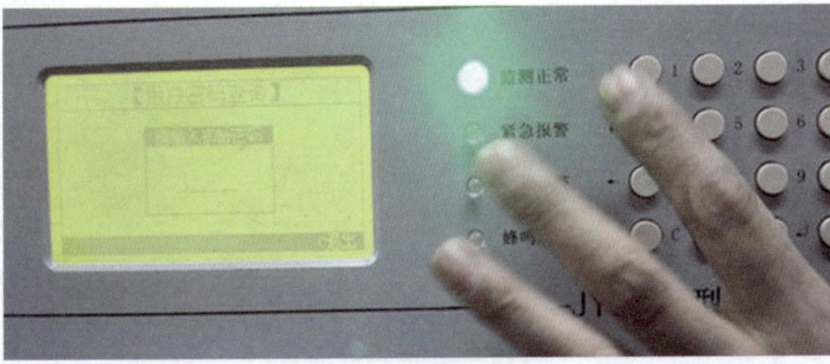

图 64　密码查询

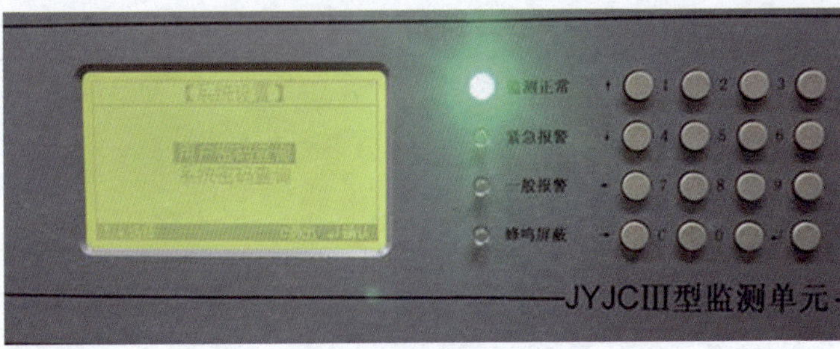

图 65　“请输入初始密码”对话框

4. 按“C”键返回电源屏监测单元主界面(图 66)。

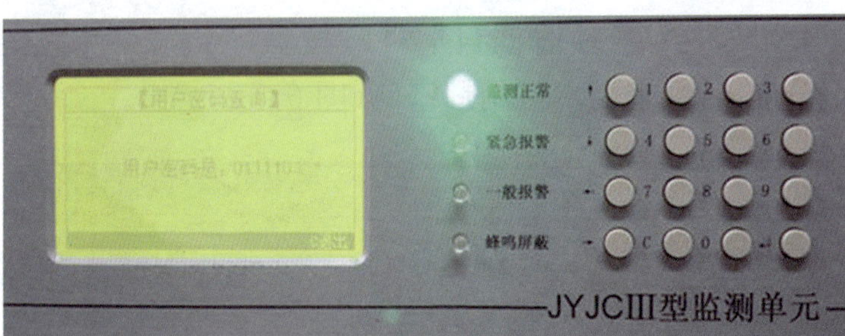

图 66　监测单元主界面

5. 按“↑、↓、←、→”键选择“用户操作”(图 67),弹出“请输入用户密码”对话框(图 68),按数字键输入查询到的用户密码,按“↵”键进入用户操作界面(图 69)。

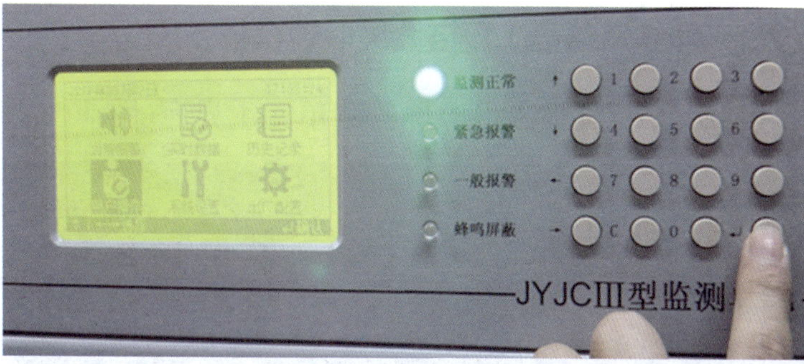

图 67 “用户操作”选择

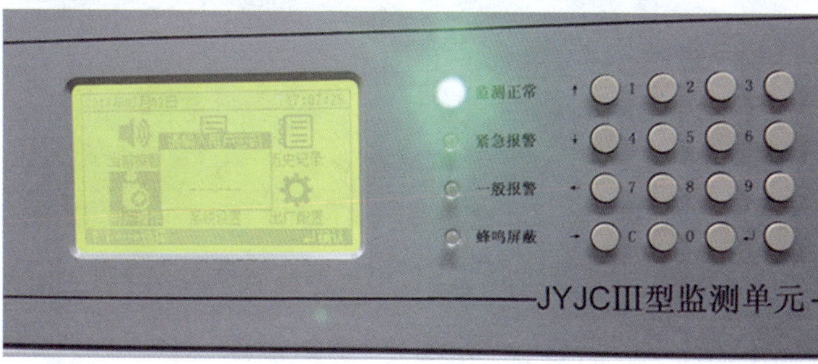

图 68 用户密码输入

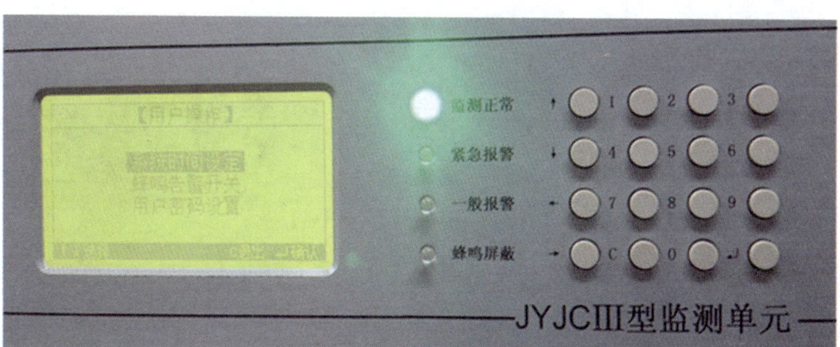

图 69 用户操作界面

6. 按“↑、↓、←、→”键选择系统时间设定。

7. 按“←、→”键移动光标并选择时间项目,按数字键修改时间数值，修改完正确时间后，按确认键“↵”即可完成时间修改。

(九)天津铁路信号工厂电源屏时钟校核方法

1. 按“确认↵”键进入电源屏监测单元主界面(图 70)。

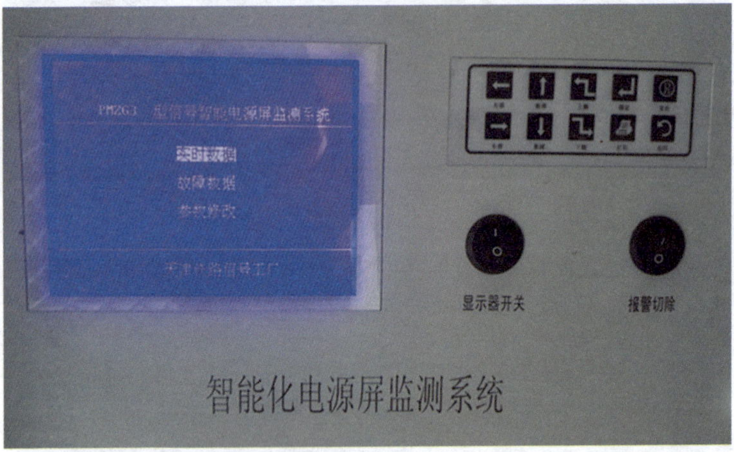

图 70　天津铁路信号工厂电源屏监测单元主界面

2. 按“左移←、右移→”键选择“参数修改”(图 71)，按“确认↵”键进入“参数修改”界面(图 72)。

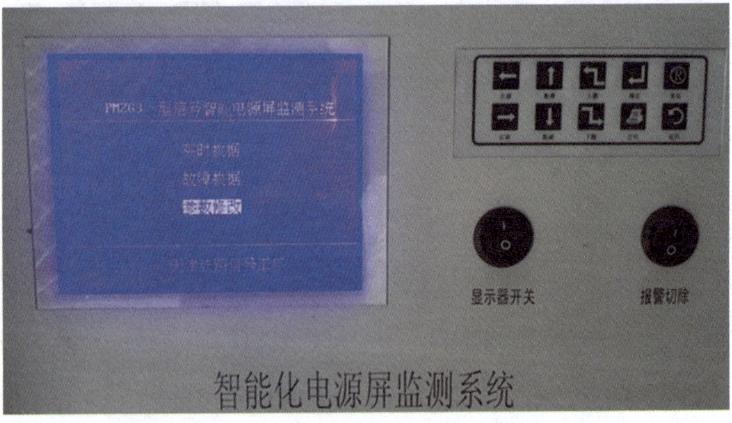

图 71　“参数修改”选择

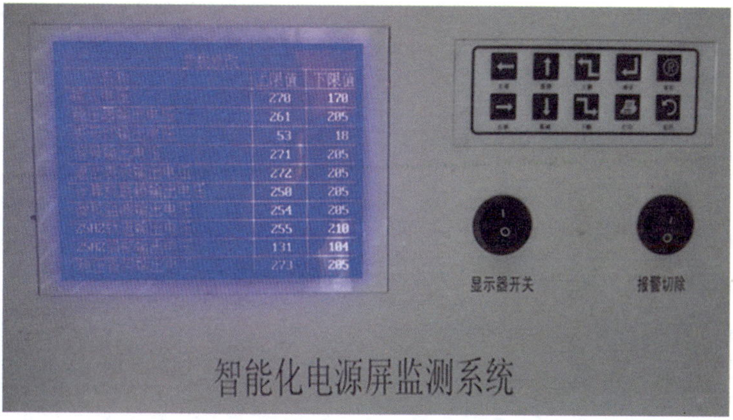

图 72　“参数修改”界面

3. 在“参数修改”界面按“下翻 ⤵ ”键进入“时间参数修改”界面(图 73)。

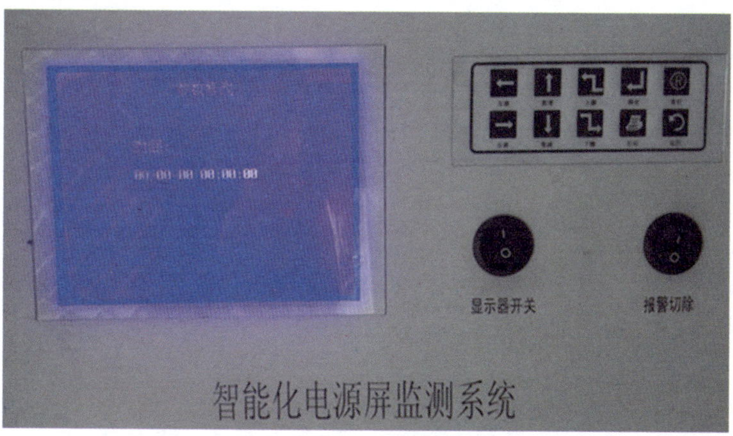

图 73　“时间参数修改”界面

4. 按“左移←、右移→”键移动光标选择修改时间项,按“数增↑、数减↓”键修改时间数值,输入正确的时间后按“确认↵”即可完成时间修改。